Di schönschte Dütschschwizer Mundartgedicht

Di schönschte Dütschschwizer Mundartgedicht

ausgewählt und herausgegeben
von
Peter Meyer

Dütschschwizer Mundartgedicht
Ein BÜTTLER-Buch

© 1983 BÜTTLER, CH - 3084 Wabern
Gestaltung: Gerhard Noltkämper, Bern
Gesamtherstellung: Büchler+Co AG, Wabern

ISBN 3 7170 0196 5
Printed in Switzerland

Erinnerung

Uf em Bärgli bin i gsässe,
Chönnt i numme wider hi!
O i cha 's schier nit vergässe,
O wie lustig isch es gsy!
D' Vögel händ gar liebli gsunge,
Schöni Nästli händ si bbaut;
D' Lämmli sind im Grüene gsprunge,
Und das Alles han i gschaut.

Und dur's Täli bin i ggange,
Do isch 's Bethli mit mer cho:
Dört am Bächli, wo so ruuschet,
Händ mer blaui Blüemli gnoh,
Händ enander Chränzli gflochte
Und enander Strüssli gmacht.
Öppis zellt, und amen einisch
Zwüschen ine herzli glacht.

Über d'Matte simmer gsprunge,
O wie het mi das erfreut.
Schöni Liedli händ mer gsunge,
Dass es tönt het wit und breit;
Und vor 's Hüttli simmer gsässe,
Do sind d'Tübli zuen' is cho.
Dänket nu, si händ is 's Frässe
Us de Händen use gnoh.

S' Bethli het mi lehre mälche,
S' stoht mer au nit übel a;
Wenn der wönt, ihr chönnet luege,
Dass i's wien e Chüer cha.
S' het mer Mängs no wölle zeige,
Hätt i nur nit müesse go;
Doch i han im jo versproche,
Öppe wieder umme z'cho.

Und uf's Bergli gang i wider,
Jo so gschwind i numme cha:
Denn em Bethli will i halte,
Was ig ihm versproche ha.
Won i von ihm furt bi ggange,
Und scho ordli wyt bi gsy,
Het es mir no noche gruefe:
Hansli, gäll! du dänkst a mi?

Abendlied

Luegit, vo Bärg und Tal
Fliet scho der Sunne-Strahl;
Luegit, uf Aue und Matte
Wachse die dunkele Schatte;
D' Sunn uf de Bärge erstoht,
O wie sind Gletscher so rot!

Luegit, da obe am See
Heimetzue wendet sich 's Veh;
Loset, wie d' Glogge, die schöne,
Freudig im Moos üs ertöne,
Chüjerglüt, üseri Lust,
Tuet üs so wohl i der Brust.

Luegit, uf Matte und Ried
Dunkler der Schatte si ziet;
Luegit, am Bärgli da änne,
Gsehnd er, wie d' Wulke so brenne,
Heit er 's scho füriger gseh?
Hei, wie ne fürige See!

Still a de Bärge wird 's Nacht,
Aber de Herrgott wacht.
Gsehnd er sälb Stärnli dört schyne?
Stärnli, wie bist du so fryne,
Gsehnd er, am Näbel dört staht's!
Stärnli, Gott grüess di, wie gaht's?

Loset, es seit is gar guet:
«Het mi nit Gott i der Huet?
Fryli der Vatter von Alle
Laat mi gwüss währli nit falle;
Vatter im Himel, der wacht.»
Stärnli, liebs Stärnli, guet Nacht!

Das Emmenthal

Niene geit 's so schön u lustig
Wie daheim im Emmethal,
Dert ist allergattig Rustig,
Dass eim schwer wird die Uswahl;
Manne het es ehrefesti,
Wyber – brav u hübscher Art,
Meitschi – we d' se gsest, so hest di
Dry verliebt, so schön u zart.

Da ist nüt vo Kumplimente,
Allem seit me numme «Du»,
Syg 's e Milchbueb mit der Brennte,
Oder trag er Ratsherr-Schue;
D' Städter fryli cheu 's nid lyde,
Bsunders – Herre ohni Gäld!
Doch i mein, dä syg nit gschyde,
Wo si für so Sache quält.

Won es alle Möntsche gruuset,
Wo kei Andre düre cha,
Unter mir ds Waldwasser bruuset,
Gletscherluft dur ds Haar mir suuset,
Oben, unde – zringsum Flue,
Gahn i frisch u fröhlich zue.

Dört, wo hinter äine Gründe
Üse grosse Gletscher steit,
Wo die frächste Chüe erwinde,
D' Geisse chuum der Wäg no finde,
Het der Winter ohni End
Geng sy Tron, sys Regiment.

Aber wän er no so chalte,
U der Gletscher no so wild
U no drümal ärger gspalte,
Alles ma mi nit abhalte;
Wen i dört es Gemschi weiss,
Ist mir seligs alles eis.

Wahr ist, Mänge fallt da abe,
D' Ewigkeit erdrohlet er
U lyt tief im Ysch vergrabe.
O wie luegt sys Wyb am Abe:
«Chunnt er ächt?» Lueg, wie de witt,
Lieber Gott! er chunnt dir nit.

Tröst du di! Er lyt da unde
Sauft so guet as im ne Grab.
Üse Herrgott het ne funde,
U bewahret ne dert unde
I dem tiefe Gletscher-Schrund,
Bis der jüngsti Tag deh chunnt.

Wen a dem Tag früi deh d' Sunne
Strahlt in ihrer Herrlikeit,
Ist der Gletscher gly zerrunne.
Deh het 's Hans glatt Alles gwunne!
Gryn du nit! Ihr werdet scho
Dört no einisch zäme cho.

Kühreihen zum Aufzug auf die Alp im Frühling

Der Ustig wott cho,
Der Schnee zergeit scho,
Der Himmel isch blaue,
Der Gugger het gschraue,
Der Meye syg cho.
    Lustig usen usem Stall
    Mit de lube Chüene!
    Üsi schöni Zyt ist cho,
    Luft u Freiheit wartet scho
    Dinnen uf de Flüene.

Am Pflueg geit de Buur;
Es wird ihm so suur!
Er hottet und hüstet,
Er wärchet und bystet.
So bis deh fry Buur!
    Mir zie früsch u fröhlich uus
    Us dym Dorf im Meye.
    Mir sy muntri Chüejerlüt,
    Bchönne dyner Sorge nüt,
    Juchzen u juheie!

Mengs Vögeli singt,
Mengs Büebeli springt
U juhzet u johlet
Im Grüenen u drohlet,
U ds Meiteli singt.
    Gätt di grosse Treichle her
    U di chlyne Schälle!
    Schöner tönt im Ustig nüt,
    As es lustigs Chüejer-Glüt
    Un e Chüejer-Gälle.

D' Schneeballe blüit scho,
U d' Veieli o,
Un allerlei Meie,
Juheie! Juheie!
Zu Buschele gnoh!
    Muni! muest e Melchstuel ha
    Zwüsche d' Hörner bunde;
    Un e grosse Meie dra
    Vo de schönste Tulipa,
    Wo mer nu hei funde!

Die Chüe sy nit z'bha!
Hans, mach di vora
U stell di fry breite!
Mir wei nit meh beite,
Wei z'Alpe jitz gah!
    Gjuhzet was der juhze meut,
    Gjuhzet eis u gschraue!
    Bsunderbar dur d' Dörfer uus,
    So gseh d' Lüt zum Fäister uus;
    Alles chunnt cho gschaue!

Hoh! Sä, sä! Hoh, hoh!
Löt süferli cho!
Sy alli vom Bahre?
So wei mer denn fahre;
Die Grosse gah scho.
    Bhüet ech Gott, ihr Buurelüt,
    Mir wei jitze scheide!
    Danki Gott, u zürnet nüt!
    Löt die ruuche Chüejerlüt
    Jan ech nit verleide!

Schwizer-Heiweh

Härz, mys Härz, warum so trurig,
Und was soll das Ach und Weh?
'S ist so schön i frömde Lande –
Härz, mys Härz, was fählt der meh?

«Was mer fählt? Es fählt mer Alles!
Bi so gar verlore hie;
Syg es schön i frömde Lande,
Doch es Heimet wird es nie!

«Ach, i ds Heimet möcht i wider,
Aber bald, du Liebe, bald!
Möcht zum Ätti, möcht zum Müeti,
Möcht zu Bärg u Fels u Wald;

«Möcht die Firste wider gschauen
Und die lutre Gletscher dra,
Wo di flingge Gemsli laufen
U kei Jäger fürers cha;

«Möcht die Glogge wider ghöre,
Wenn der Senn uf d' Bärge trybt,
Wenn die Chueli freudig springen
U kes Lamm im Täli blybt;

«Möcht uf Flüe und Hörner styge,
Möcht am heiterblaue See,
Wo der Bach vom Felse schuumet,
Üses Dörfli wider gseh;

«Wider gseh die brune Hüsi
Und vor alle Türe frei
Nachbarslüt, die fründlich grüessen
Und es lustigs Dorfe hei!

«Keine het is lieb hie usse,
Keine git so fründlech d' Hand,
U kes Chindli will mer lache
Wie deheim im Schwizerland.

«Uf u furt! u füer mi wider
Wo 's mer jung so wohl isch gsy;
Ha nit Lust u ha nit Fride,
Bis ig bi mym Dörfli bi!»

Härz, mys Härz, i Gottes Name,
'S ist es Lyde, gib di dry!
Will 's der Herr, so chan er hälfe,
Dass mer bald im Heimet sy!

Blueme-n-us der Heimet

Chränzli vo Blueme-n- us Wiese-n- und Fäld,
Rösli vo Häge-n- im Wald!
Chränzli, de machst mer so wohl und so weh,
Hä-n-i mi Lebtig kei Süberers gseh,
Blueme vo Heime sind drin!

Rösli! er lached so fründli mich a,
Säged mer grüseli vil.
Füehred mi hei, uf die waldige Höh,
Lö-mi mi Chinderzit neu wieder gseh,
Rösli vo Heime wie schön!

Zeiged mer, ach äso dütli und chlor,
Obe-n- am Wisli de Hag,
Wie-n- er voll Bluest und mit Röslene rot,
Grad wie en Chranz um die Waid ume goht,
Wo-n- i so glückli gsi bi.

Hä-n- i nüd d'Chüeli und Geisse dört ghüet,
Hindre-n- und füre-n- am Hag.
Ghöre die Glöggli no chringle-n- im Ohr,
Gsehne grad Alls, wie wenn's jetzig gscheh wor.
Rösli vo Heime wie schön!

Bächli! wie d'lustig vom Felseli springst,
Ghöre dis Rusche durab.
Rüefist de Lobe, sie sölled nu cho,
Z'trinke sei wäger für Alli gnueg do,
Gsehne wie d'Lobe scho chönnd.

Hä-n-i nüd Strüssli und Chränzli dört gmacht,
Gjuchset und gsunge-n- und grüeft,
Hüttli ufbaue-n- und Öfeli dri,
Ach, und wie liecht und wie wohl isch mer gsi!
s' wird mer wol nümme-n-äso.

Blueme-n-, er zeiget mer alles so schön,
O wie en Herrgotte-Tag!
d'Morgesunn schint so gar liebli as Hus,
d'Dübli, si flüget dur's Bälcheli us,
's Vögeli singt uf em Baum.

Gsehne-n-eus Chinde scho springe-n-um 's Hus,
Watte dur Blueme-n- und Gras –
Gsehne mi Mueter dur's Gärtli ab go,
Gsehne de Vater bi-n- Imlene stoh,
Ghöre von Bihlene 's Gsums.

Aber au gseh-n- i mis väterli Hus
Trurig, verlassen und leer.
Gsehne kein Vater, kei Mueter meh do,
d'Chinde-n- im schwarze Gwand 's Heime verlo,
Scheide mit Chumber und Schmerz.

Blueme von Heime-n- us Wiese-n- und Fäld,
Rösli vo Häge-n- im Wald!
Chränzli! de machst mer so wohl und so weh,
Lost mi mi Chinderzit neu wider gseh,
Wo-n- i so glückli gsi bi.

Blueme vo Heime! wär's mügli e mol,
Blüeted er doch uf mim Grab!
Blibt mer en Fründ, bis mis Stündli wird schlo,
Bitt di, se setz mer und pflanz mer doch no
Blueme vo Heime-n- uf 's Grab.

I kennen es Chöpfli

I kennen es Chöpfli,
Wie's Rösli im Gold,
Drum bin i dem Chindli
Vo Herzen au hold.

Es locket de Tube
Mit yfriger Müe;
So liecht i wär z'locke,
Mir locket's doch nie.

Nüt isch e so truurig
Und nüt so betrüebt,
Als wenn si der Chrutstock
J s' Rösli verliebt.

Kommode Vorsicht

Es ist es mal es Meitschi gsy,
Es tusig styfs Persöndli,
Das luegt bim Fenster, ob es gly
Gäb Rose u Viöndli.

U wo's afange Knöpfli gseht,
Da faht es afah lächle,
Grad so wie ds Nachbars Lisebeth,
's ist grad e so ne Hechle.

Es rechnet no, wie lang 's mög gah,
Bis d'Blume recht schön blüije,
Bis derthi wünschti es e Ma,
Wyl es so afaht trüije. –

Es seit: We Hans kei Löffel wär,
So chäm er mi cho frage,
Es gäb wytus am mindste Gscherr,
I müesst süst keine plage.

Doch will er nit!? – Nu ja so de,
So weiss i de no styfer!
's ist gäng es Glück – wer's cha ygseh –
Me heigi mänge Pfyfer.

Denn we me schöni Musig will,
Cha nit nur eine flöte,
Süst blybe d'Tön albeinist still,
U das ist nit vonöte.

Katz und Muus

O Kätherli, o Kätherli,
Wie isch's doch au nid gange!
Es het e Katz im Kellerloch
E Mysli welle fange.

Si het em vil vo Liebi gschwätzt
Und vil von ihrem Herze,
Het's Myli gschleggt und 's Teepli gnetzt
Und gsyfzget, wie vor Schmerze.

Und 's Mysli – 's isch di alti Gschicht,
'S isch kais no anders worde;
'S sait: «Bhiet is trylig» – zerst, und druf
Vertraut's de scheene Worte.

Und 's Bysi – 's isch die alti Gschicht,
'S isch kais no anders worde;
Das nimmt my Mysli, spilt dermit
Und nohe tuet 's es morde. –

O Kätherli, o Kätherli!
Das tue drum nid vergässe;
Und eb men ain us Liebi frisst,
Men isch halt doch au gfrässe.

Kurz und gut

I gang my grade Weg duruus
Und halt nit vil uf 's Froge,
I tue mi nit mit Byselibuus
Und Schnäggedänze ploge.

Grad wie 's mer isch, und anderst nit,
So sag i halt mi Mainig:
Du bisch mer lieb, my Schatz, und witt
Mi näh, so sind mer ainig.

Und sind mer ainig Du und y,
So kenne d' Lyt is pfyffe,
Und wem das eppe z'rund sott sy,
Dä ka 's loh spitzig schlyffe.

'S regelet

'S regelet uf d' Linde,
Es regelet durch 's Laub;
Sachti, sachti falle
D' Trepfeli in Staub.

Unterm Dach am Fenster
E Mägdli stoht allai,
'S lehnt der Kopf an d' Schybe,
Dänggt an allerlai.

Unte vo de Gasse,
Was isch das fir e Ton? –
'S tuet e Waage rassle,
'S blost e Postillon.

'S Maitli hinterm Lade
Es lost und lost no lang;
Schwächer wird und schwächer,
Zletst verhallt der Klang.

'S regelet uf d' Linde,
Es regelet durch 's Laub,
Sachti, schti falle
D' Trepfeli in Staub.

Am Wienachtsfraufastemärt

Der nei Kalender! bschau en mit Respeggt!
Am Rand stehnd d' Märt und d' Gricht und
                              d' Landesvätter
Und in der Mitti zwelfmohl dryssig Tag
Und schwarzi Neimeend mit bekanntem Wetter.

Zerst suech i jetz dy Nammen uf! Es goht
E goldene Schyn um selbe ganze Monet.
Dernoh, wenn fehnd im Summer d' Ferien a?
I muess es wisse, 's isch e gueti Gwonet.

Sunst han i in de Wienachtsferie scho
D'Landkarten agluegt fir die Reis im Summer,
Die liebe Frind studiere jetze dra, –
I kumm nit mit, und 's macht mer wenig Kummer.

Wo du higohsch, das waiss i scho. Es lyt
E Huus im Baselbiet, im griene Schatte;
De Berg uf gseht me Stigelen und e Hag
Und Tannewald, der Berg ab nyt as Matte;

Und derthi nimmt di d'Tante wider mit,
Und 's Tal isch hailig – darf i noche schlyche?
Lueg, nur en ainzige strenge Bligg vo dir,
So will i glych in alli Wälder wyche!

Sunst käm i gern an mengem Nomittag
Und fierti di ganz hibschli iber d'Waide
Berguf, wo Tannen in de Felse stehnd
Und d' Wasser sich zur Aar und rhywärts schaide,

Wo d'Alpe glänze wien e Rosekranz –
Dert wurd i bettle: ob de nit wellsch singe?
Mer sind allai, me gheert vo nooch und fern
Nyt as de Heerden ihri Glogge klinge –

Ob nit wellsch singe? mit der ganze Stimm,
Die z'Basel unde halber muesch verstegge?
Es schloft meng Echo ruehig im Gebirg
Und liess am liebste sich vo dir erwegge .....

Wo bin i aber? ach, Dezember isch's,
Fraufastemärt, und duss e wahres Babel,
Und d' Buurebuebe laufe d' Gassen y,
E jeden e Harmonika im Schnabel!

Bi Liecht

Do lige neii Biecher ufem Tisch,
Und d' Lampe brennt –; i soll e wenig läse,
Händ d' Tante gsait, i haig e gueti Stimm, –
Und gegeniber sitzt das liebsti Wäse!

Es striggt und striggt, ich aber lis und lis,
Und dusse schneit's; die baide Tante gähne
Und schlooffen y, und wien i ibrelueg,
So gsehn i in de scheenen Auge Träne;

Nit vo der Gschicht, vo der i gläse ha;
Es het en andre Grund und tiefer lyt er.
Ganz still isch's gsi, nur 's Tiggtagg vo der Uhr
Und 's klopfed Herz – bis dass Es sait: lis wyter!

I staggle wyter – 'S het der Muet nit gha
Mi rede z'losse, i bi folgsam blibe.
Bald druf schloht's langsam Achti, und das het
Die Tante gweggt, si händ sich d'Auge gribe.

Nyt Aiges meh

Was wie-n-e Flamme-n-uf mym Scheitel rueht,
Du bisch di Glueth!
Was wie-n-e helli Wulgge-n-um mi wallt,
Du bisch die Gwalt!

Und s'Morgeroth schynt dur e Rosehag,
Du bisch der Tag!
Und d'Sterne glänze-n-in der hellste Pracht,
Und Du bisch d'Nacht!

Es ghört mer weder Dängge, Gseh noch Thue
Meh aige zue, –
Wer het mi au mit Allem was i bi
Verschänggt an Di?

AUGUST CORRODI

Wer böpperlet a der chammer a?

Wer böpperlet a der chammer a?
Nu ich bi's, seit de Heiri.
Se pack di hei, was witt du da?
Nu öppis, seit de Heiri.
De schliichst ja wie wenn d'gstolle hettst –
Chumm lueg nu, seit de Heiri;
De machst na stämpeneie z'letzt –
Cha scho sy, seit de Heiri.

Und liesi di is chämmerli –
O las mi, seit de Heiri;
Se wär's dänn mit mim schlaf verbi –
Natürli, seit de Heiri.
Und wärist i mim chämmerli –
O wäri, seit de Heiri;
Se wettst bis's taget, bimer sy –
Bis's taget, seit de Heiri.

Und wettist die nacht bimer sy –
Die ganz nacht, seit de Heiri;
Se fürch i, chämist wieder gli –
Gli wieder, seit de Heiri.
Was gscheh mag dänn im chämmerli –
Las g'scheh nu, seit de Heiri;
Das rat i der, das bhalt für di –
Verstaht si, seit de Heiri.

Die vier hier abgedruckten Gedichte von August Corrodi sind Übertragungen von Liedern des schottischen Nationaldichters Robert Burns (1759–1796). Originaltexte siehe Anhang S. 227, 228

Magst en bitrogne Purst sy

Magst en bitrogne purst sy –
Gang, wiibergunst ist chisel.
Das schriib nid zum verlurst i,
Das gaht verbi wie risel.

Wellen- und wulchegwander,
Gwechslig abrellewätter –
'S ist eini wie die ander,
Seig's d'Züsi oder d'Kätter.

Gang schämdi, was mag dra sy,
Sich in es gsicht z'vernare!
Gang schämdi, witt en ma sy,
Se las dä lätzchopf fahre.

Furt, suech en lustige gspahne,
Hock mitem hinder de suuser,
Und trink en rechte fahne
Und dänn verschlaf dis gmuuser.

Meiteli ist dur's Bächli ggange

Meiteli ist dur's bächli ggange,
Bittedi deddoch ä –
Lat de rock is wasser hange,
Wird em nümme troche.
Meiteli, meiteli, wie bist nass,
Bittedi deddoch ä –
'S underröckli tropfignass,
Wird der nümme troche!

Nu, trifft öpper öpper a
Öppen am bach bim mähe,
Öpper wott es chüssli ha,
Bruucht dänn öpper z'chrähe?

Öpper wott dur's thäli gah,
Öpper öpper chüsse –
Gaht das öpper öppis a,
Bruucht das öpper z'wüsse?
Meiteli, meiteli, wie bist nass,
Bittedi deddoch ä!
'S underröckli tropfignass –
Wird der nümme troche!

Der Ätti verbüüt's

Der ätti verbüüt's, und d'mueter verbüüt's,
Aber 's töchterli's ghör ist schwer.
'S hät nid gmeint, dass das müesli wo's macht,
So bitter dänn z'esse wär.
De Hanseli Gumpuf, dä lang lang ma,
Hät's ebe do doch für de nare gha.

E chue und es chalb und es schaf und es hus,
Und sibezg fränkli a baar,
Und es hüslerstöchterli na dezue
Mit äuglene, schwarz und chlar:
De Hanseli Gumpuf, dä lang lang ma,
Häts ebe do doch fü de nare gha.

Ds Wätterlüttä

We chunts dört über d'Guschä,
We blitzgets und we tuets!
Mä gköürts am Gunzä ruschä,
Bätt Eis der inglisch Gruess;
    Säb bättis!

Gottloub, jez fouts a lüttä!
Das ist halt üs'rä Troust.
Jez häts nüt mei z'bidüttä,
Es bringts nu zum ä Bloust;
    Säb bringts es!

Bald d'Bättägloggä glanggät,
Jagts Alls gen Überrhi
Und Wartau – seis Gott dangget!
Sus wer der Türggä hi;
    Säb wer er!

Si mag der Hagel b'heibä;
Se wiä der Messmer züht
Tuäts Türggä, Chrutt und Reibä,
Tuäts Allem suber nüt;
    Säb tuäts!

Diä Gloggä-n-ist halt gwichä,
Kei Blitz cha Schadä tuä;
Im Nu ist ds Gwülch verstrichä,
Der Tüfelshaldä zuä;
    Säb isch!

Das Glütt hät mingä Tunder
Gen Azmäs duri gfüehrt;
Au nitt – mich nünts nit Wunder, –
Si sind dört reffermiert;
    Säb sind si!

Und winn si grad ä schweirä,
Grusamä Hagel trifft,
Si lund si nitt bikeirä,
Se lützili as Gift;
    Säb lund se si;

O tuänis nitt verspringä,
O Gloggä, blib is ganz;
Bist üs vor alle Dingä
Di best Assekuranz;
    Und dä säb bist!

Die nächtliche Irrfahrt

Los, wie chutted der Wind dur d'Nacht, wie prätscht's der der Räge
nit an d' Läden und 's Faister und macht, as d' Schyben im Blei inn
Schlottere! S' stürmt und hurled und schütted rächt in der Herbstnacht.
S' schlieft e Mängs, wo 's ghört, no tiefer under si Decki
Und lot 's chutte duss und hurlen und stürmen und rägnen
Und isch froh, as 's cha im Trochne schlooffe; und 's Bettli
Dunkt 's jetz no so guet, wie wüester Wätter as 's duss macht;
Und 's nuckt wider y und träumt vom lieblige Früelig,
Träumt vom Sunneschyn und vom Vögelisang und vo Allem,
Was ain lustig dunkt. – So cha me 's Unwätter verschlooffe. –
Aber der Dokter nit. S' het lang scho gchlopft an der Huustür
Zweunist an 's Glöggli scho gschellt; me jagt in scho wider zum Bett uus,
Won im doch au wie den andere Mönschechinde so wohl tuet. –
«Bin i e plogte Ma! Me gunnt mer nit emol z' Nacht meh
Öppen e Stündli mi Ruei; kai Hund meh jagti men use
Und was gilt 's, i muess goh?» so het er gsüfzged, wie 's au scho
Hundertmol isch gscheh und wien er zum hundert und ainte
Mol halt wider balgt. – «Vo myne Buebe soll kaine
So ne Dokter ge und si Brot so sur go verdiene,
Das isch uus und vorbei!» – so btürt er au no us Gwohned
Und dänkt grad nit dra, as doch scho aine ne Dokter
Isch und 's au eso het. – Doch folgt er ordli sim Gwüsse,
Goht an 's Faister, macht 's uuf und rüeft: «Wer lüted, wer isch do?»
Und vo unden ufe dur Wind und Wätter beweglig
Chunnt e Mannesstimm: «Her Dokter, chömmed frei waidli
Uf der Schlittebüel, um der Tausiggottswillen i bitt Ech,
Suumed Ech ämmel nit!» – «Was het 's ge?» frogt de Her Dokter,
«He, was het 's ge? 's Beth, mi Schwester, will is verschaide,
'S waiss kai Mönsch, was 's isch, es het 's prezys as wie d' Mueter
Sälig übercho und z' säge numme no schlimmer,
Wenn Der Ech bsinne chönned; i bitt Ech, chömmed cho luege!» –
«He, i will denn cho», so sait der Dokter, «und ganged
Afe voreweg und mached, bis i Ech nohchumm,
Flyssig Charteplass, Flachssame heit der jo sälber;
Wüssed, der mahled in zerst und choched in zuem ene Päppli

Mit e wenig Wasser, und uff e lynige Lumpe
Stryched er 's ase warm und überlegged's, as d' Sach nit
Usechunnt; so mached's und legged's im Bäbi, so haiss as's
Grad verlyde mag, uf d' Brust; i hoffen, es guetet
Scho vo dem echlei, und noche wei mer denn luege,
Was no z'machen isch; i chumme hinder Ech noche.»

Bald so lauft er dervo und pfattled wacker dur d' Güllen
Uf der Stross und dänkt: «Grad dure füert di der best Weg!» –
Aber oben am Dorf, se spöochted er jetze ne Fäldweg
Uus in der Nacht, und er het gnot müese luege, er hätt in
Sust nit gseh; und schwenkt rechtsab berguf über d' Fälder;
'S isch en Arbed gsi; bis an d' Chnü so sinkt er nit übel
Mängmol inen und schimpft und ziet mit gwaltige Züge
Wider Muet und Trost us sim Zündbengel; er het das
Eben eso im Bruuch; und 's isch e guete Beglaiter,
So ne Zigärli im Mul, wenn's au drü git fü e Halbbatze;
'S macht aim churzi Zit und git aim gueti Gedanke
Und hilft aim e Mängs verwerchen und wider vergässe. –
Jetze so chunnt er in 's Holz und us em Rägen in d' Traufi;
Jo, er het 's schön erläse; vo allen Äste lauft 's Wasser
Über in aben, und los, wie chutted do nit der Sturmwind,
Und wie gyret's und chracht's! – 'S hüült truurig öppen e Heuel
Dur der Rägen und Wind, as wer's unghüürig im Holz inn.
Doch der Dokter lauft trutz Sturm und Rägen und Unghüür
Muetig dur 's Holz und 's Gebüsch uf em schmale Wegli, 's isch dunkel
Gsi wie im ene Sack; er dänkt: «De hesch's bald überstande;
Und chunntsch use vor 's Holz, so hesch 's erraicht und bisch aiswegs
Ufem Schlittebüel», er het Alles gwüsst in der Gegni. –
Aber e Stund und zwo so lauft er, und chan er halt nimme
Zu dem Holz uus cho; er merkt's, er muess si verirrt ha, –
.... «Do han i's aber denn ainist
Schön uusgnoh, nu jo, das isch e Metti, gang suech jetz,
Das het au no gfehlt!» und bim e Hörli so foht er
Schier gar z' fluechen a. Er lauft verdriesslig der Gspur noh,

Humpet und lauft, as er schwitzt, über Stock und Stai und dur d' Stude
Und chunnt doch nie druus, bis entlig neumen e Wegli
Bergab z' füere schynt. «Bisch ufe cho, so muesch abe,
Gang's wohi as's well», so het er dänkt und isch allsfurt
Uf dem Wegli durab und isch au würklig am Ändi
Do zum Holz use cho und het si nit chönnen erchenne.
Witers isch er gange; do het er vo witem e Liecht gseh,
'S het in gspässig dunkt, e Liecht no z' Nacht no de Zwölfe,
Aber er isch druf zue; was gisch und was hesch isch er gloffe
Und chunnt zuem ene Hof; e Grüsel vom ene Hofhund
Büllt in a und chunnt mit zwee, drei Sätzen und will in
Packen, und er, nit fuul, haut, gfasst uf jederlai Agriff,
Mit sim Stäcke, wo oben e schwere bleiige Chnopf het,
Ais dem Burst über d' Schnure; dä hüült und weisset, doch wüetig
Chehrt er si nummen um und schiesst wien e Drach uf dä Dokter
Los, und dä het si gwehrt und 's noni welle verspilt ge.
Aber do chunnt mit em Liecht der Näbehöfler vor d' Türe,
Pfyft sym Hund und goht und hebt in tapfer am Halsband.
«Wer do?» – rüeft er dernoh – «was trybt Ech aigetli zuen is
Z' mitzen in der Nacht?» – «Exgüsi», sait der Her Dokter,
«Säged, wo bin i au, i muess mi tapfer verirrt ha;
Uf der Schlittebüel se hätt i selle, si hai dört
Öpper Chranker im Huus – i bi der Dokter, i haisse
Brun zum Gschlächt.» – «Jä so, Der syt nit übel abwegs cho!»
Sait im druf dä Ma und het derneben an aim furt
Grüslig z' heben am Hund, wo allsfurt rured und allsfurt
Wott uf der Dokter los und syni grüslige Zähn wyst. –
Underdesse het aber der Dokter sälber an Allem,
An der Stimm vo dem Ma und au bim dunkele Liechtschyn
An sym Gsicht si erchennt und gfunde, won er dehaim isch;
Und wo isch er au gsi? Me sell au dänke, jo währli,
In der Bluemmatt isch er gsi bi sym gröste, wüesteste Gegner,
Und jetz sell me si dänke, wie Die enander nit werde
Agluegt ha, dä Dokter und dä Bluemmättler! Doch Dä het
D' Milch jetz abe ge und isch so duuss und so zahm gsi,

As men in um e Finger hätt chönne wiggle, dä stolz Ma;
'S het in e höcheri Gwalt jetz undere to und so zahm gmacht. –
«Säged», so sait er; me cha si dänke, was es in kost't het,
Bis er derzue cho isch, mit em Dokter so ordelig z' rede, –
«Säged», so sait er, «Der sit jetz do, und 's isch grad, as wenn's au hätt
Müese so si – i waiss, as Der über mi grüseli höhn sit,
Will Ech verzürnt gha ha. Me sait halt mängist e Wörtli,
Wo me nit säge sott, und 's reut ain noche; jetz aber
Mues Ech bitten und bätte, Dr welled um der Gottswille
Zuen is ine cho; wie gsait, 's isch, as wenn men Ech gschickt hätt;
'S stoht nit guet – mi Frau – i bitten Ech – chömmed cho luege!»
So het er ängstlig gsait mit bewegte brochene Worte,
Aber der Dokter Brun het si nit lang bsunnen und isch jetz
Inen im Dokteryfer; sig 's Fründ, sig 's Find, s' isch im glych gsi;
Wenn's Ernst gulte het, do het er nummen an Bruef dänkt,
Und wo d' Not an Ma cho isch, do het er der Ma gstellt.

D'r Friesenwäg

D'r Chüjer seit zum Meisterchnächt:
«I d's Tal embry grad wollt' ich g'schwind;
Es blanget mich nah Wyb u Chind,
Jetz acht mir zu mym Sachli recht.
Un eis vor allmu muesst mir losen,
Süst bist du z'Hand in bösen Hosen:
Bschlüss d'Stalltür nit, i wollt's nit han,
La's wyt u wagen offen stahn.
Es ist nit Blug, es ist mir Ärist,
Üns's Stiefeli ist hie etwärist
Grad buwes uf en Friesenwäg,
Drum bschlüss nit, ol süst bist nit zwäg!

Vor schüfter, grusam alter Zyt
Ist d's Friesenvolch i d's Ländli chon,
Het Bhusig hie u Triftig g'non;
Wahar das chon ist weiss mu nit.
Hergägen g'hört van Zyt zu Zyten
Mu's dütlich in den Bergen lüten,
Ghört rüefen u d'Harschhoren gan,
Glychanhi chunt's mit Ross u Man; –
Sie müessen us den Gräbren stygen,
Uf sälbem Wäg, wo chon sie sygen,
Heimgan i d's uralt Heimetland, –
Drum los, bschlüss d'Stalltür nit de z'Hand!»

Den Meisterchnächt het's zlachen tan;
Chum was d'r Meister furt van Hus,
Su schnärzt u spitzlet er nen us
U seit: «Das ist en gschlagna Man!
Was der mir wollt' van Friesen runen,
Das chann bin andren Nössren zunen.
By Gott, ich heissen nit Hans Chlupf,
An allmu ist kei wahra Tupf;
Un, we's grad chiemi, das Giträbel,

Ich bschlüssen d'Stalltür mit nem Chnäbel;
We eis ich uf d'r Gastren bin,
Gan ich denn chum gan Pförtner syn.»

Die andren Chnächte syn bireit,
Chum het sich d'Sunne z'schlafen tan,
Syn glähig sie un ärstig dran
U hein d'r Friesenwäg verleit.
Druf legen sie in gueten Trüwen
Sich uf en Gastrensolder z'lüwen,
Hei sich mit linder Lischen deckt,
Süss hei sie gschlafen, bis sie weckt
Urplötzlich uf es schüfters Chrachen, –
Du het ne gschwynet d's Gspött u d's Lachen.
's het toset, wie nen Gletscherspalt
Zur Föhnzyt albe chlöpft u chnallt.

's het toset, wie d'r Würbelluft
Im Ustag suust im Tannewald,
Wie d'Schlaglauinen abhifallt
Un all's vergrabt i Chrach u Chluft.
Glychanhi ghört mu Gloggenlüten,
Harschhorentön u Rüef van Lüten,
Ghört's näher chon zum Stafelstall,
Ghört van der Flueh den Widerhall
Van Rossen, Lüten, Wehr un Waffen; –
Jetzt ist verby für d'Chnächta d's Schlafen;
En iedra rüehrt den andren an:
«Wer steit jetz uf, wer ist en Man?»

Es bülliget'nen an der Tür
Un rüeft mit luter Stimm drüi mal:
«Tüet uf die Tür, tüet uf den Stall,
Wann d's Friesenvolch wollt' grad derdür!»
Das tuet dür Margg u Beinen dringen.

«Wer wollt' jetz mit den Friesen schwingen?»
Urplötzlich tuet's en luta Chrach,
Es lüft 'nen ab d's ganz Stafeldach.
Sie gsiehn am Himmel d'Sternen schynen;
D'r Statterbueb faht lut an grynen;
D'r Meisterchnächt der steit jetz uf:
«I d's Herre Namen, i tuen uf!»

Und wann er het ebb'schlosse d'Tür,
Da chömmen Manna, toll u gross,
En grusam länga Trupp u Tross
Zieht dür das Stafelställi dür.
Sie hei 'mu guten Aben botten, –
Den Meisterchnächt het's anfahn schlotten.
Nit hören will der Geisterzug,
Doch ruscht's vorby wie Vogelflug;
Jetz chömmen Wyber uf den Wägen,
In ihrem Arm syn Chinder glägen.
D'r Chnächt het gsinnet: hätt' ich glan
Doch d'Tür den Friesen offen stahn!

Erst wann d'r Tag an Himmel stosst
U d's Früirot an den Glätschern strahlt
U dür den duchlen Tannenwald
D'r Morgenluft du suust u tost –
Da syn verby am Chnächt di lästen
Von denen schüftren Friesengästen.
Er het sich druf uf d' Gastren gleit
U zu den andren G'spanen gseit:
«D'r Meister het mir doch nit glogen:
Die Friesen syn dür d's Stafel zogen
Mit Wyb u Chind, es ganzes Rych.» –
Am Aben druf was er en Lych.

Bergheuet

S Wetter ist eineweg guet; lueg nu, wie höch flüged d Schwalme,
Und der Oberwind blast; s Baneter gahd zöhmeli ufe;
D Schneeberg ligged im Doust und s Bademer Loch ist suber;
Öisere Vater merkt au, das s morn en sunnige Tag git;
Denn jez häd er scho wol e Stund lang Sägisse tenglet
Hinder der Schür uf em Stock, und hämerlet eister na witer,
Wenn scho d Muetter drü Mal zum Nachtesse rüeft und zletschte
Fast e chli höh wird und seid: So chumm doch; d Suppe verchaltet.
S wird en gwerchbere Tag gää, seb wirds, i cha mers scho tenke;
Wenn de Vater so rüst, so wüssed mer, s mues öppis laufe.
Vo de Nachbere händ es paar scho hüt afä mähe;
(S Nänni Rüedels im Hof, de Nöggel, der Ehgaumer Chäppi)
Und de Vetter im Grüt häd grad es Füederli heita.
Wenn mer nu wüssti, wos gelti bi-n-öis? Im Schlössli, im Lette?
Im Bannacher? im Loo? im Rüssel oder am Chilchrai?

Aber jez chömed is Hus, da sind mer dänn gli us em Wunder;
Währed em Herdöpfelschele wird ja de Tagesbifehl usggää.
«Vater, säg is bald, wo witt morn mit is go heue?»
Gsehst, er lacht! Jez weiss i: «Uf Vorder-Guldene gömer,
Äne-n-am Eggener Berg! Juhe! Wie schön isch es fern gsi!»
«Frili!» seid do de Vater, «s mues Alls morn mit uf de Berg cho;
D Muetter elei blibt diheim zum Choche-n-und Gaume; de Nachber
Bsorget is d Schür und s Veh und gahd mit der Milch i d Hütte.
Eitägigs Heu wänd mer mache; ihr Buebe, da chöned-er travalie,
Gönd drum jez nu is Bett, sust gits nüd vil us em Schlafe;
Wänn i dänn chlopfe, stönd uf; e halbi Stund naher wird abdämpft.»
S dimberet um de Johanni scho vor de Drüne-n-es bizli;
Doch, wo de Vater öis chlopft a d Chamertüre-n-am Morge,
Isch es na tunkel gsi. Mir schlüfed i d Hose-n-und gönd is
Use zum Brune go wäsche, dänn gleitig ine-n-i d Stube:
Ach! mir Buebe sind zletscht! die Andre sitzed scho Ali
Fertig grüstet bim Tisch und essed mit groosse Löffle
Us der bblüemlete Blatte scho d Nideltünkli, die frische,
Wo-n-uf der ganze Welt halt niemer so guet chocht wie d Muetter;

Doch, si mached is Platz – und lönd is en ordlis Pfemet.
«Buebe, essed nu recht, so möged er laufe-n-und schaffe»,
Mahnt is de Vater, – stahd uf und tütet de Mane und Fraue,
Das er abprotze möcht. Da fasst en jeders si Burdi;
Mit dem Ledergurt schnaled die Mähder scho s Steifass um d Mitti,
Stecked de Wetzstei dri und d Sägisse nemeds uf d Achsle;
Aber de Joseph vergisst d Mostfläsche-n-au nüd, die hölzi,
Uf sin Puggel z lade-n-und git dem Tagneuer e groossi
Voli Schaubguttere z träge und warnet en: «Lass si nüd tätsche!»
D Bäsi treid alerhand Gschir und s Vreneli bsorget de Znüni.
S schint mer, si händ e chli schwer; die Chörb tüend ordeli aazieh.
Doch de Vater häd gseid: «Mer wänd is dänn scho öppe-n-abneh.»
... S ist an öiserem Zit grad halbi drü, wo mer furtgönd.
Und es heiteret scho e chli duruf gegem Berg zue.
«Nei, well en lustige Zug», rüeft under der Hustür na d Muetter,
Wo mer so hinder enand im Gänsemarsch gönd uf em Fuessweg.
Mir drey laufed vorus persee – und z vorderst der Adolf
Mit sim papirene Huet und am Rieme die nagelnöi Trume.
(Aber er törf nonig schla, de Vater häd ems verbote,
Wil me d Nachbere doch, wo schlafed, so früh nüd will wecke.)
... Über de Chilerai gahds e chli gäch, drum gönd mer nu schonkli,
Schrittli um Schrittli, dass d Fraue mit ire Burdene nahmönd.
S blast e herrlichi Luft von obe her chreftig i d Gsichter,
Und vertribt dir de Schlaf, wenn d öppe na wettst e chli nucke.
Uf säbem Baum i der Wis ist scho es Buechfinkli munter,
Tuet sis Stimmli probiere (es tönt, wie wenns em wurd traume)
Und dänn hüpflets derzue und fladeret ufe-n-und abe.
... Lueged zum Himel: s verlöscht nootno ein Stern nach em andre,
Und det une de Mond rütscht zöhmeli hinter der Albis.
Sind mer nüd scho uf em Rai? Das gahd ja, wie wenn me wurd flüge.
Wenn me spröchlet bim Gah, so chund me halt vürsi me tenkts nüd.
Gsehnd-er, da ist scho de «Hau» grad übere vom «Hasenacher»
Und da gönd mer denn linggs durs Holz, uf de chürziste Wege
Gege dem «Zindelmett»; – es stigt jez bloss na ums Merke.
O! wie isch es im Wald so frisch und so luftig und duftig!

Und wel e subers Konzert gänds scho da obe zum Beste!
(Amsel, Spiegelmaus, Fink, das sind die finere Chünstler;
Hätzler, Ägerst und Specht – die gröbere Blechmusikante.)
S ist, wie wenns extra für öis e fröhlis Stuck würdid mache!
Und da chönd mer nüd anderst: mer juchsed halt au alisame
Fest und us voler Brust, und singed druf abe-n-es Gsätzli.
Wo dänn no gar öise Chli si «Tagwacht» schlad uf der Trume,
Häds doch s Holz schier versprängt und es Echo ggää bis go Limberg.
S fliehd es Häsli vor Angst grad vor öis ane zum Holz us
Und de Heuel meint au, es seygi Matthäi am letschte.
Aber, jez heitret de Wald – und enandrigsna wütsched mer use.
Isch das scho äne-n-am Berg? Wie simer au über de Grat cho?
Ja – da lit öisi Wis, und det sind d «Guldener» Hüser.

Losed, wie ghört me jez schön von Egg ufe s Betgloggelüte
Und – mit schwächerem Ton – von Altorf her und vo Gossau.
«S gfallt mer», said öise Vater, «der Oberwind blibt schints na Meister.
Steled jez d Chörb und s Trank det äne under de Birbaum.
Dürsts I, so nemed na gschwind en Schluck us der chlinere Fläsche;
Aber dänn wämer dra hi und en rechte Blätz mähe heb d Sunn chund!
Obe fanged mer a und fahred dem Weg na durabe.»
Seids und gahd scho vorus und macht mit dem Mähe der Afang.
Hinder em dri chund de Chnecht und dänn die zwee jüngere Mane.
Aber – wie müend die schwitze, wenns öisem Vater wänd nacho.
S chas halt nüd jede wie-n-er; s ist zweierlei: mähen und mähe.
Wie-n-uf dem prächtige Gras es Tau lid; jä, ebe drum hauts es
Hüt e so guet, und si müend nüd ali ander Schritt still stah
Und iri Sägisse wetze; si haued e Viertelstund lang.
Mit em Verzütte vom Gras, da möged mer frili guet nae,
N Jeders mit ere Mahd – de Heiri, ich und die Fraue.
Hämer dänn vorigi Zit, so gömer dem «Chline» go helfe,
Wo de Chümi uflist und büschelet under em Birbaum.
... O wie gahd doch au d Zit bim Schaffe-n-eim wätters gli ume.
Hämer scho halbi sächsi! Jez, Bäsi, gang rüst is de Kafi
Z Guldene vorne bis Eglis; mer wänd en is Hus goge trinke.

Sind das nüd gfeligi Lüt da obe, wo-n-öis i der Chuchi
Süden und brötle lönd, und dänn no i d Stube-n-iladed,
Das öise Nüni am Tisch chönd käfele grad wie diheime?
Aber mer mached nüd lang; i glaube, s währt chuum zeh Minute
Und da ruumt me scho ab und flingg gahds wieder a d Arbet.
D Sunn gid scho ordeli warm. Drum furt mit Weste-n-und Schoope!
Netzed bim Brune de Chopf und litzed d Ermel au hindere!
Joseph, gäll, wärist froh, du hettst statt der Mütze-n-en Strauhuet
Mit eme groosse Rand, wies Vreneli eine-n-am Chopf häd.
«Vürsi!» rüeft do de Vater, «und höred jez uf mit dem Schwätze;
S fehlt zum e Fueder na vil; drum wacker nomal i d Händ gspeuzt.
Nu na zwo Stund oder drey, dänn hämer s strengst überstande!»
Druf – so wetzed all vier und ziehnd wider us, dass e Freud ist.
Aber si chömed do bald us em bessere Teil vo der Wise
In e chli sumpfigers Land, wo rüchers und megerers Gras wachst,
Und e kei Chrottechrut meh und Senebletter und Ampfer.
Da ist s Verzütte dänn ring und s dunkt öis Buebe-n-au lustig,
Wänn e Mus öppe pfift und grad druf is Löchli vertwütscht ist,
Oder e Frösch use springt, und d Bäsi und s Vreneli göissed.
Also lauft dänn das Werch us de Hände wie halbe vergebe;
Gsehnd er, gsehnd er, wies schwint, si mähed schon äne-n-am Hölzli.
Flissig butzed si zue am Port und under de Bäume.
Mit em «Vertue» sind mer au de Mähdere schier uf em Fuess na,
Und so werded mer dänn schön Ali mit enand fertig!
D Sägisse ribed si ab und henked si fest an en Baum uf,
Das es nüüd Ungschickts git, – das sind gar so gföhrlichi Messer.
Und jez juchzed si lut, und mir – verstahd si – gänd Antwort.
Aber do winkt is de Vater. Jä so! es gilt scho zum «Znüni».
Ja, ich meine, mer mögid, und d Mähder – die werded erst türste!
«Chömed, sitzed ufs Port! S ist under em Baum nanig troche»,
Rüeft do d Bäsi und holt der einti Chorb und e Fläsche,
Schenkt es paar Gleser voll i und streckt si de Mane-n-etgege.
Heitere-n-Öpfelmost isch, vom beste-n-under der Stäge –;
O, wie lauft er guet abe, si chöned en nüd gnueg rüehme,
Und mir planged drum au, bis d Reihe zum Trinke-n-an öis chund.

Mit sim Hegel verhaut de Vater en altbaches Brot jez
Und git jedem im Chreis es Stuck, so gross wie-n-en Rosszeh,
Leit derzue na es Möckli graukte Speck, doch er selber
Isst öppis anders zum Brot! – en wiisse, gschnätzlete Chnobli.
... Während mir gmüetli kalazzed, fangt öisers Gras scho a trochne;
Denn d Frau Sune macht furt und ruebet au nüd e Sekunde.
Wo mer ufstönd vom Port – (mer sind bis am Zehni schier gsesse),
Stahd si scho höch und seid: «Seh, wänd ihr ächt nonig cho schaffe?»
Also hämer denn gfolgt, und reched jez s Gras us em Schatte
Hine-n-une bim Holz und bringeds a d Blätz, wos cha türe.
Au vo de Bäume-n-eweg mues Ales a d Sunn use treid si.
Unterdesse wirds Zit zum «Wende» im obere-n-Egge.
Gäled, er wüssed, wies gahd? Die groosse Lüt bruche de Reche,
Zupfed demit am Gras und schlingged en Wüsch geg de Füesse
Mit eme gschickte Wurf, das s Underst au schön obenuf chund.
Aber mir Buebe chönds nüd, mir wended drum nu mit der Gable
Am en apartene Blätz, – da gahds dänn es bitzeli zöhmer.
Wo mer am Beste-n-im Zug sind, lütets im Tal une-n-Elfi,
Und de Vater ist cho go säge: «Ihr Buebe-n-jez ufgsteckt,
Gönd öirer Muetter etgege; si rüstet der Imbiss und wott en
Obsi bringe-n-es Stuck; – drum mached, das si nüd wit muess!»
Das ist en gfreute Pricht für öis, das cha me si tenke.
Drum stecked mer gschwind öiser Gable-n-is Gras i und springed
Uf und dervo ali drey – grad wie-n-e Chugle zum Rohr us.
Gern etrüned mer halt dere bruetige Hitz uf der Wise,
Und dur de Tanewald z gah tuet is wohl, as chönted mer bade.
Laufe tüend mer, wie d Reh uf de nächste Wege dem «Hau» zue.
Das mer d Muetter bald treffid, wird niene gstande-n-und grastet:
Und so wärid mer fast mit öiserem Rene bis hei cho;
S Husdach hämer scho gseh; denn d Muetter chund geg is am Chilchrai.
«Das ist au guet», häd si gseit, «das ihr e chli wit abe chömed;
Ach, de Chorb ist so schwer, er zehrt mer – uf Ehr – schier der Arm ab.
Träged jez zwee mit enand und hebed glich höch und laufed
Ordli im Schritt, dass nüd rütscht und d Brüeh nüd öppe verschütt wird.
Druf chehrt s Müetterli um – und mir drey zottled de Berg uf.

Doch mit em Gumpe-n-isch us; jez heissts halt: luege-n-und Sorg ha!
(Denn es schämti öis a – vor em Vater, wenn öppis passierti.)
S gahd Ales guet. Um die Zwölfi chund d Guldener Wise zum Vorschi;
Öiseri Heuerlüt johled; si sind mit em «Wende» scho fertig,
Und si händ is erlickt; drum laufeds langsam zum Birbaum,
Sitzed an Bode-n-abe und ribed de Schweiss us em Gsicht mit em
      Nastuech.
Aber jez packed mer us und lueged, was d Muetter öis gchocht heb.
D Schüssle ist na e chli warm, und wo mer de Teckel ablupfed,
Tämpft si na gar! Juhe! S sind nöi Bohne-n-und Schüblig!
N Jeders fasst en Rugel und isst en vo Hand ohni Teler;
D Bohne werded verteilt, das drü mit enand chönd spise.
Brot gits derzue bis gnueg und türste mues – mein i – au Niemer;
Denn de Vater ist bsorgt und eister parad mit der Fläsche.
O, wie schmöckt is doch au die Mahlzit da usse so herrli;
Gwüss isch keim König so wohl wie-n-öis im Schatte vom Birbaum.
Da wird gspröchlet und glacht; au artigi Spässli verzeled
Öppe die Mane, und mir drey werded es bitzeli «nüdrächts».
Uf de Chopf stahd de Heiri und macht der Gsellschaft de «Pajass»,
Bis de Vater dänn seid: «S ist gnueg, jez Buebe, sind ruehig,
Das mir es Schlöfli chönd mache. E Stund lang gib ich öich Urlaub,
Wenn er is Holz use wänd; det möged er tue, was öi Fröid macht.»
Und bald ligged die Grosse-n-ufs Ohr und nucked und schlafed;
Mir aber schliched is furt de Beerene nae, und schnided
Saftigi Ruete zu Pfife und suechtd Niele-n-und Surchlee.

Wo mir (öppen-n-am drü) zum Guldener Holz use chräsmed,
Sind öisi fliissige Lüt scho wieder tapfer am Heue,
Gabled und reched druf los und mached Schöchli und Mahde,
Denn es ist Ales scho tür, – das merkt men am Rusche-n-und Chrose,
Wenn me s Heu e chli schütt, und d «Ströffeli» gumped vil hundert
Lustig ume-n-und ane, und d «Schwöbli» tüend au wie lätz hüt,
Sitzed eim frech a de Hals und hecked und mached eim Schwile.
Ja, das ist au e Hitz! «Ihr Buebe, träged de Most naa»,
Rüefed is d Mane, «es brennt, drum chömed gleitig cho lösche!»

... Losed, losed, es chlöpft! Das ist öise Chnecht, ja, de Joseph,
Bringt er de Wage nüd scho, wo-n-er diheim äne gholt häd!
«Du chunst au gli», seid de Vater, «du solist mer ordeli gsprengt si.
Fahr nu obe-n-i d Wis, mer fanged grad det afä lade.»
Härt bi den oberste Schöche, da chehrt me de Wage-n-und haltet.
Und de Vater stigt i. Mit ire-n-isene Furgge
Gänd zwee Mane vom Heu grooss Wüsch uf – so vils möged lupfe.
S nimmts de Vater i d Ärm, leids zweg und brittlet das Fueder,
Das es nüd lottere cha und uf kei Site hi haldet.
Fahrt me dänn witer, so reched die Fraue de Reste no zäme,
Fassed-en in iri Schööss und träged en nae zum Wage.
Aber vorne bim Veh händ mir drey Buebe vil z schaffe:
Breme müend mir verstäuche mit Haselstude-n-und Stecke,
Denn sie plaged de «Pless» und de «Laubi» und «Fleck» zum Erbarme,
Das sie stampfed vor Schmerz und hindere schlönd mit de Chöpfe.
Lueged, wie s Fueder au wachst! Gottlob es lit nu na en Schoche
Und dä hämer ja bald. «Jez tifig, und holed de Wisbaum.
Binded d Hälslig guet a und gämer en hübscheli ufe!»
So kumidiert de Vater vom Heu obe abe-n-und leit druf
Zmitzt über s Fueder de «Baum», und une tüends spane und chnüpfe.
D Sägisse steckt men ufs Heu und d Reche stoosst me dri ine;
D Gable ladt me nüd uf, s nimmt n Jeders eini uf d Achsle
Bis uf de Heiri, wo d Chörb mues träge und dänn na der Adolf,
Öisere Chli, dä ist müed, und häd a der Trume gnueg z schleike.
So, jez fahred mer ab; de Vater macht selber de Fuehrme;
Denn so es Fuehrwerch – persee – füehrt er halt eister am beste.
Uf dere holprige Straass vo Guldene bis in Sandacher
Dure z cho, das es nüüd git mit so-n-ere Last, häd e Nase.
Löcher sind alipott drin und Chaaregleuse – herrjeger!
S glaubtis kein sterbliche Mänsch, das öper da dure chönt fahre.
Aber es stützed drum au die Heuerslüt mit ire Gable
Sorgli vo linggs und rechts, und springed von eim Port ufs ander,
Wenn es Wagerad chracht – und hebed, das s Fueder nüd umschlad.
Bi der bösiste Stell – im «chüele Morge» – da simer
Bim e Höörli schier bstäckt; do lad de Vater scharf aazieh

Und fahrt glückli vorbi! Jez channs doch nüme starch fehle,
Denn es gahd scho durab; da mues me s Veh nüme plage.
Gli chund Wisland und Riet und gli e sicheri Landstraass,
Wo-n-öise Wagen emal chan gmüetli dervo gutschiere.
Lueged, bald simer diheim; da gsehnd mer de Zürisee wider
Und die trutzige Berg stönd drüber und werded vergoldet
Meh und meh vo der Sunn, wo groos geg em Üetliberg abstigt.

Jez ist de Zug bi der Schür; es giired zwei mächtigi Tenntor,
S Bergheufueder fahrt i – und öisers Tagwerch ist fertig.
... D Muetter häd öis scho lang en guete Kafi parad gmacht
Und öppis Fests derzue, – zwo Platte voll bbröötlet Herdöpfel.
(S Eint löscht am beschte de Turst und s Ander verschoppet de Mage.)
Wo me do schnablet am Tisch und über de Heuet verhandlet,
Nimmt is de Schlafgott in Arm; da ferget is d Muetter i d Chamer,
Aber mir strieled im Traum durs Guldenerholz bis am Morge,
Sueched Surchlee und Schwümm und schnided us Escheholz Pfife.

Grindelwaldner Lied

In Grindelwald den Gletschren by,
da cha mu gäbig läben!
Mier hei, so lang mer hie scho syn
nie lengi Zyt no ghäben.
Da gangid wa n ach d'Ärde treid,
zum Mond, uf d'Sunna, wen er weid,
iehr findid nid vo Form und Gstalt
es schenders Tal wan Grindelwald!

In Grindelwald den Gletschren by,
da chas schon eppa guxen,
U z'zytewys tued o e chlyn
der Fehnd is chon ga fuxen.
Das macht is nyd, mir sinne: Chuut!
So hei mer numen ehnder Chruud.
In Hibsch u Leid, i Warm u Chald
keis schenders Tal wan Grindelwald!

In Grindelwald den Gletschren by,
da wei m'r d'Fryheit bhalten,
Wei genge tapfri Schwyzer syn
u d's Härz nid lan erchalten.
Fir d's Gueta wei mer firhistahn
u d'Schlächtigkeit nid inhalan.
U singe wei mer jung und alt:
Keis schenders Tal wan Grindelwald!

In Grindelwald den Gletschren by,
chund eis der Tod – Gottwilchen!
Hie wei mer o vergraben syn
im Frythof bin d'r Chilchen.
O chlagid nid bin yser Lych!
Der einzig Ort ist d's Himelrych,
wa 's ysereim no besser g'falld
wan hie im schenen Grindelwald!

D'r Trueberbueb

I bin e Ämmitaler, u desse bin i stolz.
Es wachst i üsne Grebe, viel saftigs Pfyffeholz
U mänge chäche Bueb.
Ja, i bin e Ämmitaler, i bin e Bueb vom Trueb!

Im Hütte, Brandösch, Twäre, im Fankhus,
                                  bis zum Napf
Da förchtet me fy tapfer nid gleitig Chlupf u Chlapf
Wie mänge bleiche Bueb.
Ja, i bin e Ämmitaler, i bin e Bueb vom Trueb!

My Vater, dä het gschwunge scho mängisch obenus,
Dä lehrt mi's o am Abe u Morge vor em Hus.
I bin e Schwingerbueb!
Ja, i bin e Ämmitaler, i bin e Bueb vom Trueb!

O d'Muetter ist e feschti, sie chunnt vom Seltebach.
Im Seltebach isch sälte es Meitschi pring u schwach.
I bi der Muetter Bueb!
Ja, i bin e Ämmitaler, i bin e Bueb vom Trueb!

Nid alles mache d'Arme u d'Bei mit Schmalz u Saft,
Me muess im Härze inne o ha di rächti Chraft,
Muess sy e treue Bueb.
Ja, i bin e Ämmitaler, i bin e Bueb vom Trueb!

Mym Herrgott wott i's zeige und o mym Vaterland.
We's rüeft, so nimmt me d'Büchse rächt flingg
                                  u fescht i d'Hand.
I bin e Schwyzerbueb!
Ja, i bin e Ämmitaler, i bin e Bueb vom Trueb!

Der Patriot

Se bafle-n und hubete
So vil vom Vatterland;
I ha me still und luege
Deheim ufs Gwehr ar Wand.

Und chunt der Find, so will i
Im Fäld we andri stoh;
Dernäbe möcht i schwige
Und miner Wäge go.

Rat

«Es lauft e Chueh im Garte
Und frisst mer vo mim Chrut,
Es stoht e Burscht bim Holder
Und schätzelet mit mir Brut.»

Nimm du-n e dicke Bängel
Und jag du d' Chueh dervo,
Und gfallt dir Brut en Andre,
So lo si bi-n em stoh!

Trost

Übers Johr, wenn 's Fäld
Wider Blueme treit,
Bin i wit und furt –
I d'r Ebigkeit.

Gang nid uf mis Grab,
Chum nid zu mim Stei!
Mach d'r s' Härz nid schwer –
Glau mers: i bi hei!

's Rössli

Ich weiss äs Hürössli,
Ä keine hät's üf.
Do nützt ä kei Geissle,
Kei Zucker, kei Pfiff.

Äs nietweders Stündli
Lauft's hi und lauft's har.
Mues alls i sy Wage,
Dr Gschyd und dr Narr.

Ich will nüd i Wage!
Hät 's Künigschind gsait;
Hät d'Äugli rot briegged, –
's hät's scho dervotrait.

Chum, Muetter, chum hilf mr!
Äs ist mr se bang.
Chind, bin jo au by dr,
Chind, 's fahrt nüd se lang.

Liebs Hürössli halt au!
Äs Stündli gib Rue!
Ä Schwik, äs Sekündli! –
Das Rössli lauft zue.

Hilf, Muetter, lue 's Tobel!
Äs sprängt det durab!
Chind, 's Rössli ist 's Läbe,
Chind, 's Tobel ist 's Grab.

Vor em Usflüge

Äs wel nie ä kei Ma;
Lueg keis Mannevolch a,
Wel ä Chlosterfrau g'gä,
Vo dr Wält Adie näh.
Lies lo abhaue d'Hoor;
Tüeg dr Ring us em Ohr;
Träg es chohlschwarzes Chleid
Wil em 's Läbe verleid! –

Wien äs Glöggli im Schnee,
Wien äs Röisli im See,
Wien äs Lärchli im Fluum,
Cha si rohde nu chuum,
Dur sy Auge chnistblo,
Hani d'Liebe gseh cho.

Gib ab!

Mys Schätzelis Pfeister,
Hät ysegi Bschleg;
Und passem im Garte,
Springt's über all Heg.

I goh wien äs Windspil,
I goh wien ä Pfyl,
Am Schwingfest nüd Eine
Lauft vor mer as Zil.

Und stohn em vor Türe,
Se lot's mi lo stoh,
Und lot se si vüre,
Se chum em nüd no.

Gib ab, arme Hösler!
Chunst doch nie derzue,
Und bundist Sprungfädre
Und Fäke a d'Schueh. –

Und wärist dr Byswind, –
Lass 's nojage sy!
As Härz wo drvolauft,
Holst ebig nie i.

Dr Chorber

Zwylewys bini trurig;
Zwylewys bini froh;
Zwylewys schaffi murig;
Zwylewys machi blo.
Jetz schlüffi dur d'Stuude
I dä Widlene no.
He cha sy, au dä Wyb're,
Ist au scho vorcho.

Zwylewys hani Zeine;
Zwylewys hani kei;
Zwylewys muessi gaihne;
Zwylewys lupft's mr d'Bei.
Und dä tuet me äs Tänzli,
He wälchs Gott, cha sy zwei!
Übernachted im Fare,
Weder sälte älei.

Zwylewys bini nüechter;
Zwylewys bin is nüd;
Zwylewys bini füechter,
Wänn's äs Bränzblöistli git.
Hie am Bach ist my Heimed,
Do i d'Döire und Gstüüd.
Bin ä arme Waldvogel,
He drum zürned mr nüd!

D' Spärbel und d'Nachtbuebe

Wer schloft det im Guggehürli,
Bi dä Tube obe?
Wer as 's Nochbers Mariannli;
Lustig ist det obe.

's Füchsli cha lang umeschlyche,
Sicher nisted d'Tube.
D'Buebe chönd lang choge bröige,
Höich lyt 's Maitlis Stube.

O my liebe guete Nochber,
Bhüet dr Gott dy Tübli!
Bhüet dr Gott dys Mariannli
I sym höiche Stübli!

Hetti nu nüd übers Husdach
Gseh ä Spärbel flüge,
Hetti nu nüd gseh ä Büebel
Über d'Leit're styge.

O my liebe guete Nochber!
's git keis Guggehürli,
Wo me's nüd gseht userüche,
Ist im Hus äs Fürli.

D'Spärbel chönd um alli Dächer,
Und d'Nachtbueberotte
Merkt äs Fürli scho im Chüüstli,
Wänn's erst afot motte.

O my liebe, guete Nochber!
's ist nüd böiser hüete.
As ä Tubeschlag voll Tube,
As äs Härz voll Glüete.

Die schwarze Schöifli

Nachts, wänn mi mängsmol schücht dr Schlof,
Chönd us mym Gmüet wie schwarzi Schoof,
Äs Chüti Sorge, Rüü und Leid.
I trybe s' schaarewys uf d'Weid.
Si weided jede Döirhag ab,
Si grased über Grien und Grab,
Und won im Gras äs Schlängli schlycht,
Si weided zue und wänn's au sticht.
Gsehnd s' neime äs Bluetigelloch,
Ist 's Wasser Gift, si trinked's doch.
Wänn äntli dä dr Morge chunt
Und 's heitered jeddwedi Stund, –
Se tueni d'Schööifli wider i,
Es wird wohl keis vertlauffe sy.

Vom Tanz hei

Bin ä uralte Hach,
Chatzgro ist mys Dach.
Ugäng sind my Bei, –
Giengt glych mit dr hei.

O Maitli, bis gschyd!
Ä Alte nimm nüd!
's goht langwylig zue
Und doch häst kei Rue.

Liebs Maitli, los mir!
Han im Ofe äs Für.
Hä d'Bettstatt voll Gold,
Drum bis mr du hold!

O Maitli, wer wett!
Bruchst keis Gold im Bett,
Chast ohni das sy,
Häst Quäksilber dri.

Sy Ofe wird chalt,
Sys Fürli löscht bald,
Uf was goht r drum us? –
Uf's Holz vor dym Hus!

Und ninnste halt doch,
Zännst gly am Chustloch;
Wänn dr d'Milch usesüdt,
Ich blos' dr si nüd.

Chum lieber mit mir!
My Bei sind nüd dürr,
Ha gleichegi Chnü,
Ist alles nu wie nü.

Schatz, las' där Alt goh;
Sind Suberledig do;
Wänn dr ä Götti abgoht,
Dä tuet r's für d'Not.

Nebedsache

De Seppli hät sich vill vorgnoh:
«Gänd acht, ich wott zu öppis choo!
Kein Chrampf, keis Spare-n-isch mer z'vill,
Me chas erhaudere we'me will.
En schöne Gwerb, es blybt deby,
Keis Räppli wotti schuldig sy!
Ich wott, wenns langet, drüberue
En rechte Wüsch uf d'Site tue.
Nu schinde, huuse bis zum Git,
Öb Tag, öb Nacht, me nimmt derzit;
E grosses Huus, e grosses Tach,
Und 's ander isch mir Nebedsach.»

De Seppli hät sich vill vorgnoh,
Und doch ist eis ums ander choo.
Hät 's Glück kein Alauf welle näh,
So hät er em halt d'Spore g'gäh.
E rychi Frau, grad schön jo nid
Und au nid übermässig gschyd;
Er sait: «Ich lueg de Chärne-n-a,
Di Wüeste müend au Manne ha.
En Rutsch ist iez scho under Tach,
Und 's ander isch mir Nebedsach.»

Si sind guet gfahre mitenand,
Sii bsorgt de Stall, er luegt zum Land.
Von Chinde hät er wenig gwüsst;
Nu joo kei Gschaar, dass' besser beschüsst!
Und wärche söllids, Tag und Stund,
So wüsseds dänn, wo 's Brot herchunt.
D'Frau brigget heimli öppedie,
Er zellt sis Gält und sini Chüeh.
«Was machst au für e suuri Front,
Wo 's Gfell in üser Bude wohnt?
Go Trüebsal feil ha – bis doch gschyd!

Mir chömed vürsi, gsehsch denn niid?
Mir händs im Chämi, händs im Salz,
Und für e Röösti Schwynischmalz,
Händ G'hääss was'brucht, händ Schopf und Fach,
Und 's ander isch mir Nebedsach.»

De Seppli stirbt. Er hät z'vill gschafft,
Es litzt halt z'letscht di zäächsti Chraft.
Er meint so vor em letschte Schnuuf:
«'s isch schad, iez hört halt 's Huuse-n-uuf!
Worum mues iich iez au scho goh?
Jez hetts erst b'schosse noh und noh.
Wär no en einzigs Jöhrli my,
Ich wett um zähni gschyder sy:
Keis Obs wür ich meh z'billig gäh,
Au für de Wy en Bolle meh – –
E Jöhrli no, dänn wäri doo,
Wo-n-ich ha welle härechoo!
Dänn wett mi richte so allsgmach,
Dänn wär mer 's Sterbe Nebedsach.»

Chilbi

's Wegli ab und 's Wegli uf,
D'Freude händ en churze Schnuuf.
's Wegli hii und 's Wegli her,
's Gernha truckt ein schwer.

Wo-n-i gang und wo-n-i stand,
Summeds d'Flüge-n-a der Wand:
's isch nie gsy und 's wird nie sy,
Ha nu g'meint, 'sei my.

's Wegli uf und 's Wegli ab
Tänki a min liebste Chnab,
Gäb em was i schenke cha,
Tarf en glych nid ha.

Chilbitanz – er ist vorby!
Bin im Himmel obe g'sy,
Ha di wysse-n-Engel gseh –
's Wunder isch nid gscheh.

O wie hät mis Herzli 'prennt!
Bist erchennt – bist nid erchennt?
Warte! sait de Liechterglanz –
Jeeger, nu en Tanz! ...

Gnadehalber, ha' mer gsait,
Ha mis Chöpfli höcher trait.
Glaubst i mach mer öppis drus,
Us'me chlyne Schmus?

Hät e-n-Andri userwählt,
's Lisi – das hät grad no gfehlt!
Mag ders gunne! Chast en haa,
Lueg en nümme-n-aa!

O wie händ die Gyger gspillt!
Tanzet hani, grad wie wild.
Bi dänn ganz verstole hei
Über Steg und Stei.

Wo-n-i gang und wo-n-i stand,
Gseh-n-is äugele mitenand.
's Herz isch tod, de Himmel zue –
Säg, was söll i tue? ...

Eis Johr e Himelsgruess

Eis Johr e Himelsgruess,
Zwöi Johr uf eignem Fuess,
Drü Johr uf höchem Ross,
Vier Johr im Märlischloss,
Feuf Johr nid Tierli gnueg,
Sächs Johr Soldatebueb,
Sibe Johr de Schuelsack a:
D Wält wotte z grächtem ha.

Im Winter

Wi wers doch au im Winter
So trurig und so schwer,
Wenn nid s lieb Wienechtschindli
Uf d Ärde gfloge wer,

Wenn nid sis Tannebäumli
Dur Tag und Wuchen us
Is hinderscht Eggeli zündti
Vom allerchlinschte Hus!

O liebe Wienechtsängel,
Chumm emel gärn und gschwind,
Du triffscht en heiteri Stube
Und luter bravi Chind.

Sämichlaus

Sämichlaus, du liebe Ma,
Gäll, i mues kei Ruete ha?
Gäll, du tuesch nid mit mer balge?
Will denn allewile folge.
Will im Müetti ordlig lose,
Will denn nümme d Milch verchosle,
Will denn d Scheube nümm vernetze,
Nümme mit der Türe schletze.
Will nid mit de Chinde zangge,
Will bim Tisch nid umerangge,
Will iez nümme d Nuss ufbisse,
Will au nid de Rock verrisse.
Alli böse, wüeschte Sache
Wott i gwüss iez nümme mache!
Sämichlaus, du guete Ma,
Gäll, i mues kei Ruete ha?

Eusi zwöi Chätzli

Jo eusi zwöi Chätzli
Sind tusigi Frätzli,
Händ schneewissi Tätzli
Und Chreueli dra,

Händ spitzigi Öhrli
Und sidigi Hörli,
Und s goht e kes Jöhrli,
So föhnd si scho a:

Si schliche durs Hüsli
Und packe di Müsli
Und ploge si grüsli –
Wer gsechenes a?

D Liebi

S git öppis, s isch finer
As s allerifinscht Gwäb,
Und doch isch es stercher
As isigi Stäb.
S isch früscher a s Bluescht, wo am Öpfelbaum stoht,
Wie Schnee uf de Bärge, wo nümme vergoht,
Bald bitter wi Galle,
Bald süesser as Hung,
S läbt mängs hundert Johr und blibt allewil jung,
S isch höcher as d Stärne
Und teufer as s Meer:
Was müesst mer au afoh, wenn d Liebi nid wer!

Chlag

Es isch mer wine Zäntnerstei
Uf s Härz hüt gfalle,
Und trurig gohni wider hei,
S merkts keis vo allne:

Wi stohsch mer du so höch und wit
Ob allne Lüte,
Und ich ha i dim Läbe nüt,
Gar nüt zbidüte.

Blüeiet

Wones Blätzli Schnee vergoht,
Gschwind es Blüemli härestoht.
Fallt ufs Is en Sunnestrahl,
Gumpet scho de Bach is Tal.
Het de Fink sis Liedli gsunge,
Sind am Chriesbaum d Bolle gsprunge,
Aber gisch mer du di Hand,
Singt und blüeit alls mitenand.

Heuet im Älpli

Früe am drü, vor d'Sunne stod,
's G'höft no teuff im Schatte lyd,
Lisli no der Nachtwind god,
Isch die richtig Mähderzyt.
    «Buebe, nänd jetzt G'schirr und Worb,
    D'Sägesse, der Znünichorb!
    Mer wend duruf go mäye!»

D' Halme sind no nass vom Tau,
D' Chnöspli hend scho d'Tööpli off,
D' Heuel g'spürid 's Tage au,
Fladrid usem Morgeschlof.
    «Buebe vüre! All's uf d'Bei,
    Z'Obe wemmer tägigs Heu,
    Der Ätti wird sie freue!»

Fyn verschleiert we ne Fee,
Traumt wyt hinde a de Flue,
Lieblech blau der Alpesee.
D'Schatte lönd kes Fünkli zue.
    «Buebe noche! Juuzgid eis!
    Gäg de zähne wird's de heiss,
    Jetz gid's die schönste Mahde.»

D' Sunne hänkt der Hohflue bald
Ihre goldig Mantel um.
Fründtli grüesst si hindrem Wald
Nochhär d'Flüeli z'ringletum.
    «Buebe, hütt wird alles töör,
    Es blybt ke grüene Schübel vör.
    Am vieri wemmer lade.»

ZYBÖRI (THEODOR BUCHER)

Schritt um Schritt, im Takt fürbas,
Trampet jetzt die Mähderschar,
Schwadewys fallid Chruut und Gras.
Landus fliehd es Wachtlepaar.
    «Buebe mäyid süüberli,
    Vorne muess es Nästli sy,
    Verborge vor de Chatze!»

Eine god zur Reihe-n-us,
Go nes G'wärtli Syrte näh;
Lod e höche Juuzger us.
's Echo hed em Antwort gäh.
    «Buebe machid, 's gid gly Rast.
    Det bim Chriesbaum simmer z'Gast,
    Det wemmer de kalaze.»

's Nänni bringt der Kafeechrueg,
Ruchbrod und der mager Chäs.
's Puure hend do Saches gnue,
Und die Beckli gönd is Mäss.
    «Buebe halt! Der Chehr isch um.
    Viel g'sünder as das Brämeg'summ,
    Isch öbbis jetzt a d'Gable.»

Ah! Das schmöckt vo jungem Heu,
Dur die zettlet Matte n'uf,
Thymian und Akelei,
's tued eim wohl bi jedem Schnuuf.
    «Buebe uf; 's isch wieder Zyt.
    Bis alles ufem Wage lyd,
    Heisst 's de no tüchtig zable.»

Überm chlingeltööre Halm,
Lyd we Blei e Sunnegluet.
Usem goldigbrune Schwalm,
Zündt der Mohn so rot we Bluet.
   «Buebe leggid d'Stiere n'a,
   Was der Bindbaum mag vertha,
   Schleipfids us de Wäge.»

Vor der Obigstrahl verblitzt,
Wankt der letschti Wage hei.
Höch im Heu es Chindli sitzt,
Singt es Liedli ganz ellei.
   D'Buebe plampid hinde dry
   Stimmid au is Liedli y,
   Vo Glück und Gottessäge.

Dr alt Fasnächtler

Ha mänggmol in dr Fremdi –
Wie vyl isch sider gscheh! –
Mi imene Buebezigli
In sälle Gasse gseh.

Kai Morgeschtraich, wo-n-y nit
Punggt Vieri dra gsi bi –
Mählsubbe, Zibelewaie,
Wie keschtlig sind er gsi!

Und schbeeter hani mitgmacht
Mit Drummle-n-und Piccolo,
Die alte-n-und neie Schwyzer,
I kennt' si hite noh.

Verklaideti intrigiere
D'Lyt, wo am Droddwar schtehn,
Mit ihre greilige Larve,
Und dien – 's isch nimme scheen!

E Räbbliräge vo Wäge,
E Prätschere und e Grär,
Fantaschtischi Latärne
Schwangge schwär derhär.

Und y ass dumme Peter
Lauf wiescht verlarvt dur d'Schtadt,
Und lueg und lieg bis z'Obe
Mi in däm Drubel satt.

Bis in die schbooti Dämmerig
Goht dr Latärneschbugg.
Dr Rhy ruuscht ins Gidrummel
Under dr alte Brugg ...

O, mänggmol muesi dängge
An d'Fasnachtszyt dehaim,
Sie gheert zue myne liebschte
Alte Jugeddraim.

En Iberraschig

's isch schwiel, me sitzt am Rhywäg, mit
Em Minschter wysawy –
Jetz donneret's vom Elsass här,
Und Schadde gehn iber der Rhy.

's kunnt schwarz und schwerzer – aigetlig:
E glaine Schbrutz dät guet –
Scho windet's: d'Linde ruusche-n-uff,
Me hebbt grad noh sy Huet.

Und jetz wahrhaftig drepfelet's scho –
Je, und kai Barebly!
Gschwind haim – scho z'schboot: es pflätscht
                                        und macht,
Und – bhietis Gott! – schloot y!

Dr Me

Au wär an liebe Gott nit glaubt
Und nimme-n-an d'Hell und iberhaupt
An nyt meh uff der häle Wält
Ass heegschtens ebbe noh an's Gäld,
Dä glaubt doch fescht an Me.

Dr Me, das sich und blybt sy Gott,
Er schtoht em iber de zäh Gibott.
Im Pharaoneland der Mâ
Het gwiss kai greessere-n-Yfluss gha
Ass unsere Dalbemer Me.

Dert goht Me-n-ane, macht Me mit.
So ebbis sait Me, duet Me nit –
Se seht Me wider, wenn Me's z'bunt
Drybt, wo Me schliesslig ane kunnt.
Me het nyt ibrig fir so Lyt,
Me git in sonige Fälle nyt.
Me grytft joo 's Kapital nit a.
Me schbart im Grab no, wenn Me ka!

D'Basler Heldezyt

Jetz kunnt d'Zyt fir alli arme
Deifel, wo zuem Gotterbarme
sich 's Johr dure-n-als miend bugge
und nit woge-n-im Gringschde z'mugge,
syg's us Angscht, ihri Stell z'verliere,
ohni Maske-n-ebbis z'risgiere,
syg's us sunscht eme triftige Grund
alli Dag und alli Stund,
's ganz Johr d'Schnure halte miend,
sich rain nyt gidraue diend ...
Alli kemme jetz hindefire,
schlyche-n-us ihre Hinderdire,
hindenewägg und vornedra,
und si stelle-n-ihre Ma
voller Muet und mit dr Larve
vor em Gsicht. In witzige scharfe
oder au in hundskommune
Usfäll, je noh Fasnachtsluune
gehnd mit andere si ins Gricht,
diend verlymde, medisiere,
ehrabschnyde, intrigiere –
immer d'Larve vor em Gsicht!
Isch dernode d'Fasnacht umme,
diend si aiszwaidrei verstumme,
schliefe dur ihri Hinderdire,
kemme 's Johr dure nimme fire,
dugge sich und mugge nit,
wenn's au uff dr Ranze git,
lehnd sich alles, alles gfalle,
händ Schyssangscht vor allem und alle,
warte giduldig, bis ibers Johr
ziehnd si wider ibers Ohr
d'Larve-n-und verschone nyt –
das isch d'Basler Heldezyt!

Tanzliedli

Gygeli, Gygeli Brotisbei!
Lüpfet 's Füessli, lüpfet d'Bei!
's chunnt e Zyt, es chunnt e Tag,
Wo me se nümme lüpfe mag.

Gygeli, Gygeli Brotisbei!
Gäll, mir göh no lang nit hei!
Göh nit hei, bis 's Hüehndli chreit,
Und dr Güggel Eier leit.

Gygeli, Gygeli Brotisbei!
D'Buebe füehre d'Meitli hei.
Wär nit tanzen und singe cha,
Dä sell au nit Hochzyt ha!

D'Liebi

Ha d'Mueter gfrogt, was d'Liebi syg?
Het gseit, sie well mr's säge:
Es syg e wohri Höllestrof
Und fasch gar nit z'erträge.

Ha d'Mueter gfrogt, was d'Liebi syg?
Het gseit, es hitzigs Fieber,
Und wenn's die bösist Chranket wär,
Sie wett se fasch gar lieber.

Ha d'Mueter gfrogt, was d'Liebi syg?
's syg öppis für zum Ploge,
Doch wenn sie nomol jung chönnt sy,
Sie wett's no einisch woge!

's Fabrigglermeitli

Hinder de graue Schybe
Goht mr 's Johr verby.
All Tag 's glyche Liedli,
's ganz Johr uus und y:
«Schrübli spalte, Löchli schloh,
Muess uf hundert Dotze cho,
Muess e schöne Zahltag bringe,
Darf keis anders Liedli singe.»

Hinder de graue Schybe
Han ig es Liedli glehrt.
's Redli het mr's gsunge;
's het's no niemer ghört:
«Schrübli spalte, Löchli schloh,
's chunnt e Zyt, wird's anders goh,
's chunnt e Tag, tuet 's Glöggli lüte,
's wird für mi ne Chranz bedüte!»

Fabrigglerma

Hin und här und uuf und ab,
Sächs mol zäche Stund,
Lueg nit uuf und dänk nit dra,
Bis dr Sunndig chunnt!

Hin und här und uuf und ab,
Früeh vom Tag bis spot,
Dänk nit, was derhinder lyt,
's goht um 's liebe Brot.

Hin und här und uuf und ab,
Früeh vom Tag bis z'Nacht,
Wo me farbigi Bildli gseht,
Und me drob erwacht.

Han emol e Vogel gseh
Einisch z'Nacht im Traum,
Syn em d'Fäcke bunde gsi
Undreme grüene Baum.

Trotzliedli

My Schatz isch e Schöne,
Es säge's all Lüt,
Es gäb e kei Schönre –
Doch, i mir gfallt er nüt.

My Schatz isch e Ryche,
Dr Rychst uf dr Wält,
Doch wenn er sett zahle
Het er kei Gäld –

My Schatz isch e Treue,
's gitt keinen e so,
Doch gseht er e Schönri –
Luegt er e noh –

My Schatz isch e Tapfre,
Mi gsäch em's nit a.
Doch isch er dr Tapferst,
Won er 's Muul bruuche cha.

My Schatz isch en Ängel,
I säg's mit eim Wort.
I wett, er hätt Fäcke
Und flügti mr fort!

E Rosestruuch

D'Mueter schloft scho lang im Grab,
's Chrüzli isch verwäsche.
Teuf im chüehlen Ärdegrund,
Lyt nes Hüfli Äsche.

Aber d'Rose blüeihe no,
Zündte wie vor Johre.
's isch mr, so ne Rosestruuch
Chönnti nie verdore.

Mähderlied

Mannen uuf, dr Güggel chräiht,
D'Sägesse sy dänglet!
Zytig uuf isch halber gmäiht,
D'Schmale hei si g'stänglet!
Uuse Mähder! uuse Chnächt!
Näht e Schutz und wetzet rächt,
Stöht i 's Mahd und hauet dry,
Z'Obe muess's am Schärme sy!

Mannen uuf, 's isch Wätterluft,
's Rägeloch isch feister,
Wenn e Ma dehinde blybt,
Wird is 's Wätter Meister!
Rüehret d'Gable, hindereglitzt!
Alti Brästen uusegschwitzt!
Ladet uuf und fahret hei,
Ass mr z'Obe singe cheu!

Mannen uuf, 's isch Summerszyt
Und verby mit Leue,
Wär nen Arm und Wetzstei het,
Sell cho hälfe heue!
Schicket ech vo früeh bis Nacht,
Danket Gott und gäht mr acht! –
Isch dr Sägen i dr Schüür, –
Bhüet is Gott vor Blitz und Füür!

D'Stärne schyne

Bärgab goht's de Schatte zue,
's feisteret i de Gründe.
Ha keis Liechtli übre Stäg,
Wo mr chönnti zünde.

Wie's durab i d'Feistri goht,
Wird's am Himmel heiter:
Lueg es schynt jo Stärn und Stärn,
Und dr Wäg wird breiter.

's Läbe

Gester no glänzigi Chirsi –
Hüt scho bluetrots Laub,
Gester no Rosen im Garte,
Hüt scho Bletter im Staub.

Gester no höch i dr Sunne,
Morn scho dur 's feistere Tor.
's Läbe ne schyttere Wage,
Es schwarzes Rössli drvor.

E Brunscht

Scho mängi Wuche het es nüt meh grägnet
U trochen isch es wi scho lang nie meh;
En aute Gritti, wo mer isch bigägnet,
Dä het erchennt, so heig er's kenisch gseh
So düür u trochen, un er het si bsägnet:
Ds Gras syg verdooret, gschläsmet syg der Chlee,
Es ghey aus y, un aus tüj eim erlächne,
Un uf e Räge chönn me glych nid rächne.

Er het's chuum gseit, su faht es afah wäje
U würbelet der Stoub zum Windspiu uuf;
Es wird toppheiss; mi faht schier afah bäje
Un änger wird's um d Brust bi jedem Schnuuf –
U wider git's e Luftstoss, heiss u gäje,
U nachhär dönnerlet es obedruuf.
Potz Sackermänt! Wi schicke sich di Schnitter;
Jitz fääut si nüt, jitz äntlig git's es Gwitter.

U richtig isch ke Viertustung vergange,
Su schlaht es Türe, Läde, Pfäister zue;
Gottlob u Dank! – Mi het lang müesse blange,
Wiu's Gott, git's dä Rung einisch Räges gnue!
Wi schwär di schwarze Wuuchen ache hange, –
Jitz schynt's u donneret's scho chäch derzue,
U d Hüehner gange z Sädu wi am Aabe
U d Ross tüe d Bräme schwanze, wette traabe.

Un ungereinisch faht es afah tätsche, –
Wär nümme mues, geit wäger nid vo Huus,
Mi ghört's ja dinnen i der Stube brätsche
U wätterleichte tuet's, es isch e Gruus,
U chlepft u chroset! Ghörsch der Räge chnätsche?
Das lärmidiert, du chunnsch bau nümme druus.
Los! Ds Müetti list am Tisch der Wättersäge
U förchtet si u cha ne fasch nid säge.

Her Jesus Gott, dä Chlapf! Was isch ächt gange?
Jitz het es wäger gfääut, dert blybt's derby!
Un a der Wang isch ds Zyt grad eis Gurts gstange,
Ygschlage het's; – 's wird i der Näächi sy!
«La gseh! Dir wüsset ja wo d Eimer hange», –
Seit Drätti, – «Buebe, schicket ech e chly!»
Er het's chuum gseit, chunnt schwäre Rouch dür d G
Aus springt ga häufe, niemer wott meh passe.

Es hornet, brüelet, stürmt aus dürenanger;
Fürio! Es brönnt! Es sygi gloub bim Schmied!
Bim Eimattsami, brüelet scho der anger.
– Ja, dumme Züg, bi Samin isch es nid!
We dä Löu zuen im ache wott su gang er,
Bi Seppe brönnt es, gseht der ds Füür de nid? –
Bi Seppe, Jeses Gott, bi üsem Götti!
La gseh, staht y u hurti machet d Chötti!

Wi steit es ou? Hei si ächt d Waar scho dusse?
Pressieret, Buebe, jitz brönnt's scho im Heu
U chräschle tuet's im Dachstueu wi bim Nusse.
Potz Hergott! Jitz heisst's sprütze was mer meu, –
Lue, ds Veh isch i der Hostet, isch vorusse!
Was brüelet ou so grüüslig? – das sy d Säu!
Unger em Brüggstock sött me zueche chönne,
Süsch müessi si, der Tüüfu nimmt's, verbrönne! –

's isch z spät! Der Stau gheit y, der Heustock nache,
's isch aus eis grüüsligs Füür un aus ei Gluet,
Si trage dert no Husrat d Stägen ache,
's isch höchsti Zyt! s Füür läuet i syr Wuet
Scho gägne zue u chunnt nen uuf u nache
U ds Huus gheit y! Vergäben aue Muet! – –
Wo vor zwo Stung no Göttis Huus isch gstange,
Da isch no Gluet, u ds Gwitter isch vergange.

Purebuebe

Potz Donner! Mir sy Purebuebe,
Hei Gäut wie Heu u Saches gnue,
U wär's nid gloubt, dä cha cho luege
U mira blas er is i d Schue.

Mir sy nid schyssig Hungerlyder
Wi d Herefytzer i der Stadt,
Wo Scheichli hei grad wi ne Schnyder
U chrümmer loufen as der Att.

Mir sy bi üs no Her u Meister,
Ke Tüüfu geit is neuis a;
Wott eine muule, nu, de weis er,
Das er der Gring vou Schleeg cha ha.

Mir sy nid leidi Ofehöcke,
U we's is drum isch, gah mer z Chiut,
U wo mer d Gringen ychestrecke,
Da wüsse d Meitli, dass es giut!

U geit es einisch an es Chähre,
He nu, mir sy gar gruusam starch,
Mir gange nid hei gage plääre;
I üsne Füüsten isch no March!

We's öppen eine wott probiere,
Henusode! Mir sy derby; –
Dä Donner wei mer scho traktiere,
Das er de froh isch, üs la z sy!

Mir schüüche niemer wyt zäntume
Solang das mer cheu lidig sy,
Hingägen isch di Zyt eis ume,
De zieh mer de scho d Hörner y.

Brächete

's isch Brächeten im Oberhuus,
Es rouchnet zu der Hütten uus;
D Brächwyber prichte weneli:
– Hesch's ou ghört? Michus Vreneli
Het – – ätsch, ätsch, ätsch – –
Het – – tätsch, tätsch, tätsch – –!

E Rösteten isch ume für;
Wi isch doch ds Wärch so spröd u dür!
– My tüüri, Lysi het mer's gseit,
Der Bänzli syg zu Vrenin gheit
U – – rätsch, rätsch, rätsch – –
U – – flätsch, flätsch, flätsch – –!

Was chunnt ächt ou der Hächler a?
Er het doch no kes Schnäpsli gha ...!
– Der Puur syg ne du druber cho,
Du heig er d Geisle füre gnoh
U – – brätsch, brätsch, brätsch – –
U – – pätsch, pätsch, pätsch – –!

Jitz isch's es Wyli stiuer gsy;
Das chunnt vom süesse Brantewy ...
– Er syg z spät cho, der Mattepuur,
Drum lueg er sider gäng so suur,
Er – – chnätsch, chnätsch, chnätsch – –
Er – – Lätsch, Lätsch, Lätsch – –!

Der Röster het zviu Süesse gha,
Drum geit däm Schlabi d Hütten a.
– Mi seit, es heig schon neuis gäh,
U Bänzli müessi ds Vreni näh;
Es – – plätsch, plätsch, plätsch – –
Es – – flätsch, flätsch, flätsch – –!

Rägewätter

Es rägnet gäng u rägnet gäng un rägnet i eim zue,
I weis nid was druus wärde söu, ha nümme Fuetter's gnue,
U wen i de kes Heu meh ha, su hört de ds Puren uuf,
De man i ds Heimet nid ebha, de chunnt der Weibu druuf.

Ha gmeint, hüür mües mer gwybet sy u ds Rösi wärd my Frou,
Hingäge jitz heisst's huslig sy; ha weder Heu no Strou.
Wen i kes Schuldepuurli wär, su chäm's mer nid druuf a,
De nähm i Rösin einewäg u möchti nüsti bstah.

Vo wäge ds Wybe chostet Gäut u Gäut han i drum kes,
U was i ha, das frisst mr ds Veh u ds Rösi nimmt der Rees.
Su syg's eso, mi schickt si dry! I weis de was i ha;
's isch gschyder i bhäb ds Heimetli u wärd hüür no ke Ma.

Es rägnet gäng u rägnet gäng u d Sunne wott nid cho,
U wen es nümme rägne tät, su wär i gruusam froh:
Das Rösi steckt mr z teuf im Gring, cha nümme von im schlah
U wen es anger Wätter gäb, su wett i Hochzyt ha.

Schloof, Kindli, schloof!

Schlooff, Kindli, schlooff!
D Wält isch in der Strooff.
Es goot dur s Land e beese Wind,
vergiftet glaini Kinder gschwind.
Schlooff schnäll, i mach der d Lääde zue,
und wenn d' vom Himmel draumsch, hesch Rue.
Schlooff, Kindli, schlooff!

Gryyn, Kindli, gryyn!
Jedi Drääne git e Schyyn,
e glaare, dieffe Päärlegranz,
drin spieglet sich der Himmel ganz.
Und gligglig isch, wär gryyne kaa,
er wäscht sy Seel, und nyt blybt draa.
Gryyn, Kindli, gryyn!

Kindli, glatsch in d Händ!
Alles nimmt en Änd.
Und waas der hitte Soorge macht,
versinggt emoolen in der Nacht.
Und s Lääben isch nit d'Eewigkait,
es het en Änd, so schwäär me s drait.
Kindli, glatsch in d Händ!

Der Faun
(Nach Paul Verlaine)

Jetz grinst, waiss Gott, im Raase zmitz
en alte Terracottafaun!
Was hesch? Was fetzelisch, du Glaun?
Waas! Mainsch vom haiterhälle Himmel kääm e
        Blitz!

Die guete Stunde dänzle joo,
und d Glogge lyte d Fraiden yy.
S mues fir uns aarmi Deifle syy.
Und dää doo lacht: Es wird ich scho vergoo!

Der Fischmärtbrunne

Wien e Wassersyyle stygt der Brunnestogg
us syner Schaale, zeerscht verstyfft im Drugg,
und oobe goot si usenander, fallt
in gootischi Beegen uffgleest wider zrugg.

E Spiil isch s in der Sunne: Schatte, Liecht
und Faarbe schlieffe lyyslig dur die Beege.
Die hailigen Aposchtel steend drin Wacht
und diend uff alles ire Sääge leege.

Und spritzt nit s Wasser wien e Päärleschnuer
so glitzerig und waich in stainige Droog,
in Wunderkelch, wo Räägebeege drait?
Und s ruscht wie Wunder doo in Daag und Bloog.

Und d Draim vo alte Zytte spiile draa:
E stille Blatz stäggt alle no im Sinn,
vo Kiirchen und Kapälle kunnt e Glyt.
Und alti Graft und alte Gaischt lyt drin.

Gratuliere will i

Gratuliere will i. – «Zue waas? Doch nit zuem Gebuurtsdaag!
Käämsch mer eebe rächt, dää isch scho eewig vorbyy.»
Nai, i gratulier der zue alle schwääre Mynute.
Jeedi beesi Stund hämmeret Gold in dy Seel.
Hämmeret uff di yyne, de biegsch di, de ringsch und de lyydisch.
Legt si der Hammer ewägg, het si e Schmugg in der Hand.
Glänze nit Päärle? S isch graad, as schyynti d Sunnen in d Drääne.
Und im gschliffne Brillant brenne die sältene Fyyr.

Der Pestler

Mitem Pestler hani Frindschaft,
Us'me ganz bestimmte Grund.
Wiene Maye-Chäfer lacht er,
Scho vo wytem, wenn er chund.

Hundert mal scho hani passed,
Planged und der Hals verränkt,
Bis dä heiss-erwarted Pestler
Endlich ume Eggä schwänkt.

Hiennda hane gherig gäre,
Wenn er schelmisch d'Chappe lipft
Und us siner Läder-Mappe
Dis lieb Briefli uise-tipft.

Wättertanne

Wie zwe alti Wättertanne
Stahnd mier jetzt am Läbes-Rand,
D'Wurzle chryz und quer verwachse,
Schutz und Schärme firenand.

Ja, der Sturm hed ys verzuisled,
D'Krone bleiched, das ist wahr,
Aber meh hed d'Sunne gschine,
Hell und warm und wunderbar.

Wiene stille, schene Säge
Gniessid mier nu jedi Stund,
Bis halt doch der Himmels-Gärtner
Einist mit sim Wärchzyg chund.

Adie Wält

Wen i nume briegge chönnt
Und's den andere Lüte säge,
Was mr iez mis Härz verbrönnt,
Was i für es Läid mues träge!

Gester hani's erst vernoh
Und bi drab zum Tod verschrocke;
Myne lauft dr andere noh
Z'Tanz und z'Märt und loht mi hocke.

Was mr zäme tribe händ
Dinn und dusse hinder em Gatter,
Niemer wäis's as d'Chamerwänd,
D'Mueter nid und nid de Vatter.

Iez het d'Wält kes Freudeli meh,
Nüt meh, woni drab dörft lache.
Wen i hütt de Sigerist gseh,
Sag' em as er 's Grab mues mache.

Suechet denn am Aareburt,
Wo di schwarze Wide hange.
We' mr zäme chönnte furt,
Wetti gwüss uf's Stärbe blange!

Aber de isch wyt vo do,
Schlycht hütt z'nacht uf andere Wäge; –
Ganz eläigge mues i goh
Und darf niemerem adie säge.

De Nussbaum a dr Schällebrugg

Under em Nussbaum a dr Schällebrugg
Streckt en Ma di müede Wanderbäi,
Lost uf s Zyt, wo us dr Wyti schloht:
«Wäger», säit er, «s längt mr nümme häi.»
S goht iez nümme lang, du guete Ma,
Triffscht es Dorf und drin es Wirtshus a.

Under em Nussbaum a dr Schällebrugg
Het en armi Frau de Chorb abgstellt,
Gschnufet und de dräckig Schwäis abbutzt
Und di schwer verdiente Batze zellt.
Frau, was mäined r, s miech nid so schwer,
Wen de Chorb voll Bärnervreni wer?

Under em Nussbaum a dr Schällebrugg
Lyt en Ma voll Bränz, er lyt und schloft.
Änevör am Bärg sind d Chind no wach,
D Mueter briegget: «O, wi bini gstroft!
O wi bini gschosse gsy und blind!»
Armi Frau, Gott bhüet dr dini Chind!

Under em Nussbaum a dr Schällebrugg
Lueg doch au! en junge Burscht im Bluet!
Jo, de Wäg isch gech und scharpf de Rank.
Hesch nid chönne wyse? gsehsch nid guet?
Luschtig furt im hele Morgerot:
Z obe, Mueter, hesch dis Büebli tod!

Under em Nussbaum a dr Schällebrugg
O, wi still und schattig isch es dert!
O wi singen ame Sundig d Chind,
As me s z oberscht ufem Homberg ghört!
Ganzi Rähje hocken ufem Burt,
Singen äis und springe wider furt.

Sigerscht, wen ech öppis rote cha,
Löhnd de Nussbaum stoh, so lang er stoht!
Ghört er nid im ganze Schwyzerland,
Jedem Bäi, wo drunder dure goht?
Und für Gwehrschäft wer er wäger z chrumm.
Löhnd en stoh! z letscht gheit er sälber um.

Ich, du, er

I bi doch en tumme Hagel,
As i au eso mues säge!
Loh mr s Stüehli obem Mäle
Under em Füdli vüre stäle.
As i au eso mues säge!

D bisch glych e rächti Chue,
As i au eso mues säge!
Hesch mr ghulfe zieh am Chare,
Hesch mr en in Dräck verfahre;
As i au eso mues säge!

Er isch halt en schlaue Chäib,
As i au eso mues säge!
Mi händ d Mäitli uf dr Latte,
Er het bald en Goof im Chratte!
As i au eso mues säge!

Dr alt Fötzel

I bin en alte Fötzel,
I säg dr, was i bi.
I ha ken Rappe Gält im Sack,
Und bi vom fülschte Lumpepack.
Iez wäischt doch, wer i bi.

Es förcht mr abem Tüfel,
Er chönnt mi hütt no neh.
Süscht förcht s mr doch mi Seel vor nüt,
As öppe vor de Herelüt,
Won äim de Schueh wänd geh.

Lieb isch mr nüt as s Sufe:
Räich Bränz und zwor bis gnue!
Mach wäidli, as i wyter cha,
Süscht zündt dr d Nase d Chuchi a
Und s Hus und d Schür drzue.

Witt süscht no öppis wüsse?
So los, i sing dr äis!
De Bufink pfyfft mr s underwägs,
Iez singi s jeder Chuchihäx,
Und schöners git s ekäis:

Juhu! i bin en König,
Und han i scho ke Gält!
Und wen d mr s mitem Frässe bräichscht,
Und wen d mr s Bränz im Liter räichscht,
So gfallt s mr uf dr Wält! Juhu!

Dr Appezeller Puur

Ond tued er au gad mäie
ond gsied er nüd vil gliich;
er ischt i Hemp ond Hose
en König i sim Riich.

Zücht uus met sinner Segess.
Potz Wetter haut er dree,
ond s isch mer, d Arme winkid:
Bring Ärbet her, bring meh!

Los, wie n er wetzt! Das chlinglet
fascht wie n e chriegrisch Lied;
ond os em Herz juhuchzets:
I bi no lang nüd müed.

Chomm, lueg em gad i d Auge,
chonnscht erber wädli dross,
s ischt no die uralt Rasse
wie bi de Schlacht am Stoss.

Ond tued er au gad mäie
ond gsied er nüd vil gliich:
Er ischt i Hemp ond Hose
en König i sim Riich.

E n Abbild vom Lebe

Mengmool chood mer s Lebe vor
wie n e Stickerei.
Hebsch si de verchehrteweg,
heds au gär ke Lei.

Do göhnd d Fäde dörenand,
chonnscht kä betzli dross;
wääscht nüd, wos dr Aafang need,
niene fendscht en Schloss.

Aber träit me d Ärbet om:
Lueg, ischt das e Pracht.
Jedes Stichli of e Topf
wie vom Künschtler gmacht.

Wenn d au määnscht, diis Lebe sei
ohni Sinn ond schlecht. –
Of der ääne Siite, wääscht,
isch es meh as recht.

Bordi trääge

Lueg, s Sääl ischt zämmezoge
Ond d Bordi Heu scho gricht.
Si hed, s isch gwöss nüd gloge,
Gad scho e wackers Gwicht.

Jetz Poorschtli, nemm di zämme
Ond zääg, dass d näbes bischt;
Ont moscht di zerscht au chrömme,
S gohd alls met Chraft ond Lischt.

En Schwung – ond d Füess hend Bode
En Jock – ond d Bordi hockt.
Wääscht, Junge moscht di rode,
Denn werscht nüd zämmetrockt.

No recht de Meischter zääge
Ond needs au s Lebe gnau.
Wääscht, wer cha Bordi trääge,
Der trääged anders au.

D Schuewreis

Lach mi ietz enot, du Chääri,
lach mi ietz lo goh, du Tääri!
Nüt gits usem Reise,
zerschter müemmer zeise.

Zerschter müemmer d Schtüre zaawe,
zerschter müemmer s Chorn la maawe.
Wo näh und nit schtäwe?
Wotsch Föifliber mäwe?

Wenou öppe d Böim no treite,
wenou öppe d Hüener leite!
Sägs im Lehrer nume,
s manglinis zäntume.

Neiou, tue ietz nid so grüsli,
chummer nid no usem Hüsli!
Mira, sä, du Ploogi,
sibe Batze woogi.

Nachtbuebe

De Ruedi macht es Gschäär und Gschrei:
Hüt-znacht gohts zuder Schtübismei.
D Nachtbuebe merkes, passe-n-uf:
Horus! Do chunnter. Alee, druf!
Tütschete, chnütschete, gändem ufs Dach
ggheiet dä Schtaggli, dä Gwaggli i Bach.

Druf!
Tätschete, lätschete, gänd i dem Tappi!
Hee, tümlete, pflümlete, zeigets dem Lappi,
zweiete, ggheiete-n-ine-n-i d Trog!
Du chrümblige Schieggi,
du gfrörlige Brieggi,
wärscht jo fürnes Meiteli
nume-ne Plog. –
Es ghört si dem Lööli,
dem gschtablige Gööli;
hü, nähnden am Fäcke-n-
und platsch ietz i Trog.
Juhuu!

Was chuupisch, was gruupisch,
was buugerischt ou?
Es sones schöns Meitli
wird doch nid di Frou.
Jetzt sibe mow tunkt,
dass-s-em d Hitze vertribt
und-er s nächschtmow bim Groosi
im Chouschtegge blibt.
Jetz tüpfete, lüpfete-n use zum Trog,
iez nähmmer dä Pürschtu
uf d Nachtbuebewog!
Juhuu!

Es Tübli i d Pfanne,
e Chuuter i d Wanne.
Hee, ginggete, schlinggete
höchuf i d Luft.
Jetz schlöhnde, ietz föhnde,
ietz nähnde, ietz gähnde!
Dis Groosi, das sawbt-der
de s Bäggli und d Huft
Juuhuu! –

Das Ggrigu, das Ggigu
im Meili sim Hus!
s isch dütli: di Brütli,
es lachet di us.
Juhu! Hoorus und Blätzewägg!
Drus über Schtude-n- und Schtei.
Ruedi, watz hei!
Ju – juuhuu! – –

Wine Hund, e gschöickte
zotzlet er dervo – –
Muescht z Chiwt goh im Verschmöickte,
süscht chas-der ou so goh.

D Frou Viziamme
wott z Chiwe goh

«Anneli, längmer s Psawmebuech,
los eis, öbs tüei lüüte.
s Ammes sind scho awwi zwäg,
lueget, wi si tüüte.

Anneli, gimmer Acht ufs Füür,
lach kes Huen i Garte.
Aws verschare-si-mer hüür. –
Ätti, tue de barte!

Anneli, los, du chauschtmer no
es paar Blüemli reje,
Es Rösli und drü Nägeli
längemer für mi Meje.

Anneli, lueg ietz, tarfi goh?
Gäww, du luegsch zum Hamme!
Adie, adie, bhüetechgott
I chumme grad, Frou Amme.»

Nachtwach

De Bäri hüünt – s ischt töifi Nacht.
Wär schlicht um s Hüsli ume?
De Chranknig rodt si und verwacht
und chichet: «Jo, i chume.»

Er schlunet wider. – Los, me ghört
im Wawd e Wiggle chlage.
De Brunne ruschet ganz verschtört. –
– Wenns numenou wett tage!

De Wärber

Juzget, Buebe, s goht i Chrieg,
Pflüeg und Chärscht uf d Site!
Sebu här und Halipart!
Jetz gits gfröiti Zite.

S gwagglet eim de guwdig Tron –
Schwizerpurli, häbe!
Meiland ischt e schöni Schtadt,
wo me flott cha läbe.

Meiland ischt im Himurich,
Wii louft i de Bäche,
nid e sure Bhüetisgott
wi-n-i öine Chräche.

Purli, wenn di s Zeise trückt,
lach dis Sächli gheje.
Det lit s Guwd am Schtrosseport,
chumm, mir wänds go reje.

Füür im Bluet und Gäwt im Sack
däwäg chauscht di rode.
Wennt e schöni Läbtig woscht,
muescht uf wäwtsche Bode.

Frili, säb ischt ou e Fröid,
Doozland früei go z mäje,
öb im Pfarrer sini drei
feisse Güggu chräje.

Und im schwarze-n-Acherhärd
z Nüni näh bim Fahre,
wi-n-eim das e Wöhwi git,
das mues eine gwahre.

Wohr ischt wohr, has ou erläbt,
s wott mi ietz no zöicke.
Aber das ischt lödig nüt
gäge s Schwobeschtöicke.

Uf und druf und haiahan!
Lueget, wi si trabe.
Gits no sone Schtierefröid
für öis Schwizerchnabe?

Geissepur und Meischterchnächt,
gsehnder di Tublone?
Räbli doch, wär räble wott –
chömet – s goht i d Chrone.

Der usdienet Taglöhner

Ha nid viw zsäge,
ha nie viw gseit.
Ha eis glehrt: träge.
Ha eisder treit.

Schtei treit zum Muure,
Pflaschter und Träm.
Härd treit bim Puure.
Bruchsch mi? – I chäm.

Lehri ächt s Grueje?
Glii scho – wär weis?
Träge-n-und gruje –
sächs Schue töif – ischt eis.

I der Stickerei

En guete Sticker schaffet
gschickt uf sym hööche Sitz.
De Pantograf am Muschter
folgt jedem Chrais und Chritz.
En Hebel trüllet s Redli,
und d Wääge, lang und schwer,
die füehred hundert Naadle
inaimfurt hin und her.
Si stupfed und si stäched
is Tuech uf jeder Fahrt,
und all die Naadle sticked
gnau uf di glychlig Art.
Uzellig chlyni Stichli
müend zämmestimme ganz,
dänn gits druus Blatt und Blueme,
en wunderschöne Chranz.
Lueg, d Näädlig werded chürzer,
de Chranz, dä wachst deby.
Es mag im Mäntschelääbe
ganz ähnli ygricht sy.

Winterschtilli

Es schneit und d Focke falled lind
wie chlyni Vögel, wyss und blind.
De Wind schlaaft i sym Himmelbett,
wie wänn-er nie vertwache wett.
De Vorhang isch ganz zue.
Na aisig wääbed d Focke draa,
das en käs Aug durluege cha.
Er hüllt mit waichem Sammetschy
s ganz Tal mitsamt em Dörfli y
wie-n e verschtaubti True.
Käs Töönli ghörscht meh wyt und brait.
De Schnee hät si scho chnüütüüf glait
uf d Straasse-n und uf d Hääg.
Es chnarrt kän Waage-n uf em Wääg,
uf Watte laufed d Schueh.
En Vogel huscht im Wintertraum
wie schwarze Schatte-n uf en Baum.
Vom Zwygli stäubt es Brysli Schnee,
dänn rodet si kän Fäcke meh
und alls versinkt i d Rueh.

Hülpidölfi abem Allme und de Kaiser Napolion

Luut bröilet Hülpidölfi:
I hä de Näppi kännt,
hä tienet Anno zwölfi
im Schwyzer Regimänt.
Er isch – he, schänked nomol y! –
Er isch en Tunderwätter gsy!

Er hät als Revoluzzer
scho ggunne mängi Schlacht,
mit Bajonett und Stutzer
sich dänn zum Kaiser gmacht.
Er isch – he, schänked nomol y! –
Er isch en Tunderwätter gsy!

Er hät mit Schnäggetänze
sy erscht Frau bald verloo
und, zum no vill meh z glänze,
e Kaiserstochter gnoh.
Er isch – he, schänked nomol y! –
Er isch en Tunderwätter gsy!

Er hätt vill Syg errunge
und gmaint, das seig sys Rächt,
hät Stedt und Länder zwunge,
Chüng furtgjagt wie fuul Chnächt.
Er isch – he, schänked nomol y! –
Er isch en Tunderwätter gsy!

Mit Lüüt und Nazioone
er handlet wie mit Vee,
hät Rych und Chüngechroone
all syne Brüedere ggää.
Er isch – he, schänked nomol y! –
Er isch en Tunderwätter gsy!

Erschynt er uf sym Schümmel,
wo d Front em ärgschte truckt,
rüeft alls im Schlachtgitümmel:
Wiw lamprör! wie verruckt.
Er isch– he, schänked nomol y!. –
Er isch en Tunderwätter gsy!

Er isch gäg Russland zoge,
wett au no Moskau näh,
det hät in dänn bitroge
e Brouscht und Ys und Schnee.
Er isch – he, schänked nomol y! –
Er isch en Tunderwätter gsy!

De Hochmuet muen-er töie,
und gly ziend mir eus zrugg,
mir kämpfed no wie Löie
um d Beresina-Brugg.
Er isch – he, schänked nomol y! –
Er isch en Tunderwätter gsy!

De Fäldzug isch verloore
und s Heer und Ruehm und Rych.
Mir isch es Bai abgfroore,
wägdäm bihaupt i glych:
Er isch – he, schänked nomol y! –
Er isch en Tunderwätter gsy!

En Chrüppel bini worde,
en arme Bättelmaa,
es Holzbai isch dr Orde,
wo-n-i vom Kaiser ha.
Er isch – he, schänked nomol y! –
Er isch en Tunderwätter gsy!

I bruuche mi nüd z schämme,
i hä de Näppi kännt.
Und simmer au beed zämme
is Ugfell innegrännt,
so isch er glych, es blybt deby,
er isch en Tunderwätter gsy!

D'Dorflinge

Früehlig isch's, und um das Bänkli
bi der Linge jutze d'Ching.
Freuit euch a euem Läbe,
d'Jugetzyt verflügt so gschwing!

D'Linge blüehjt, und uf däm Bänkli
drunger brichte Zwöi
still vo Glück, vo ihrer Liebi,
vo me-n-eigne, chlyne Hei.

Vo der Linge falle d'Bletter
hübscheli uf wyssi Hoor,
und mi weis schier sälber nümme,
was isch Troum gsi u was wohr.

Fabrik

Alles am Wasser,
Alles am Dampf.
Das isch es Gschlapper,
Das isch es Gstampf!

Viel tusig Redli,
Und alli im Schwung,
Viel hundert Meitli,
Und alli na jung!

Wie d' Leue-n-im Chefi
Bunde-n-i 's Hus.
Sie lueged glustig
Zun Feistere-n-us.

Und d'Fädere surred,
De Schlitte gahd,
En ganze Berg Stiefel
Stahd scho parad.

Und d' Sunne winkt dusse:
Leg s' a, leg s' a
Wie schön wer es Stündli
Em Waldrand naa!

Doch d' Stängli und d' Schiffli,
Die wättered scho:
Sie brummled und schnurred:
Blib do, blib do!

Und dewäg surret
's ganz Läbe verbi,
Und du bisch sälber
Es Redli nu gsi.

Viel tusig Beili flüged

Viel tusig Beili flüged
Dur d'Matte-n-us und i,
Und jedes suecht es Blüemli
Und lad si wohl la si.

Und jedes findt es Plätzli,
Mue käs vergäbe hei,
Vu-n-allne Site winked s',
Kän einzigs isch ellei.

Viel tusig Mäntsche chrosled
Dur 's Stedtli us und i,
Wie wildi Wäspi schüssed s'
Nu anenand verbi.

Wo s' meined, 's gäb es Hüngli,
Sind bschlosse Tor und Tür.
Ihr riche, riche Beili,
Ihr arme Mäntsche-n-ihr!

Schwyzertüütsch

Die Spraach findt nüd vill Gnaad bin Groosse,
si heb de Staalgruch na am Gwand
und polderi, wie wänn en Waage
dethäär chömm dussen uf em Land.

Si wüssi nüüd vo fyne Tööne
und heb Maniere wien en Puur,
hämpeermlig göng si uf d Wisyte,
vo Bruuch und Aastand e kä Spuur!

S ischt waar, si cha si nüd verstele,
si redt graad use, frisch und frey
und gid au jedem de rächt Name,
Umwääg und Ränk macht si ekei.

Si chund ä nüd uf Stöcklischuene
und häd nüüd uf em Noobel-tue.
Si frööget nüd lang: «Isches gfelig?»
seid «grüezi», und sitzt eifach zue.

Nu häd si öppis i den Auge,
es mues es jedes Chind verstaa –
es ischt mer grad, my Mueter sälig
lueg mi so lieb und früntli aa.

Es Liebesliedli

Käs Böckli ooni Hörner,
käs Röösli ooni Törn!
Wänn d mängsmaal scho en Räbel bischt
und mer kän Blick, käs Wöörtli gischt –
i hä di glych na gäärn!

Käs Liechtli ooni Schatte,
käs Taagwärch ooni Müe!
Wänn d mängsmaal scho käs Lächle häscht
und surischt wien es Humbelinäscht –
böös sy, nei, cha der nüüd!

Kän Sumer ooni Winter,
käs Lääben ooni Noot!
Wänn d mängsmaal d Tüür scho bschlosse laascht,
wänn d nu nüd mit emen andere gaascht –
säb einzig wäär myn Tood!

Wäleschlaag

Ghöörscht s Wasser gütschle gägem Uuferrand?
I lange dry – es rünnt mer us der Hand.
Es gaad und chund grad wie der eigi Schnuuf,
verlöscht im Schatte, lüüchtet wider uuf –
wie s Lääbe sälber gspüüris i der Hand –
wie wänns de Häärzschlag wäär von öiserem Land.

Zaabig

D Uufnau lyd scho im Schatte,
es tunklet wyt und breit.
D Sunn häd si hinderem Albis
ganz lyslig z ruebe gleid.

E Glogg töönt na vo wytem,
die letscht em Uufer naa.
De Härrgott häd scho d Feischter
i d Eebigkeit uuftaa.

Es Windli chunnt vom Wasser,
en Säägel faart verby,
es chönnt mit wysse Flügle
de Fride sälber sy.

De Peeter und d Lise

D Frau, my Frau, heisst Lisebeet,
und iich bi de Peeter,
staan ufs Nüüniässen uuf,
d Lisebeet chund spööter.

Schaffe tuen i nüd so gäärn,
bi halt e chli schwächli,
d Lisebeet häds au esoo,
mag chuum ires Sächli.

S nimmt si mängsmaal schüüli zwääg,
mags schier nüd preschtiere.
Si häds eben uf em Häärz
und iich uf de Niere.

Ässe mag i aber glych,
s tunkt mi all Taag besser.
D Lisebeet häds au esoo,
sind zwee tüchtig Ässer.

Wänns au immer nidsi gaad,
hämer doch na z lääbe,
d Lisebeet häd e chli Gäld
und iich en Blätz Rääbe.

Wänn dänn nüüd mee umen ischt,
tüemmer halt verchaufe,
d Lisebeet häds auch scho gseid,
s chömm scho eine z laufe!

Im Moondschy

Wän de Moond vom tunkle Himelsrand
übers Wasser mit sim Straal wott lange,
ischt es nüd, wie wän e schmaali Hand
über Harpfesäite wääri ggange? ...

Und du häscht ganz still der Aate zrugg,
wottscht im Schatte lose, staa und waarte,
wil es Lied uf dere goldige Brugg
zue der chunt, wien us eme frönde Gaarte.

Chunt es häimlis Lied, wäiss nüd vo woo,
wo vo Rääbebluescht und schüüche Chüsse,
vo Verlaa und Röu und Umechoo
ales Glück und ales Wee miegt wüsse ...

Wien en Traum, es Ghäimnis gaats durs Land,
wien e Gloggen über See und Matte,
und wie Bschäid chunts vo der tunkle Wand,
wien es Echo umen us em Schatte!

Augespraach

I ha mys Heerz i beed Händ gnaa,
has gwaaget, under Liecht
zun ire Lüüte z Stubete z gaa,
wies männge Nachber miecht.

I ha myn herte Stuel verrütscht,
und ischt mer öppedie
es Wörtli ab der Zunge gwütscht,
de Faade find i nie.

Zwoo Stunde tunkted mych es Jaar,
bim Glesli suure Wy,
wäär nüd e schwaarzes Augepaar
hinder der Lampe gsy ...

das lüüchtet vo dem tunkle Platz,
käin Edelstäi blitzt soo ...
O Vatter und Muetter und Hund und Chatz,
wääred iir Gott wäiss woo!

WALTER BÄUMLEIN

Über de Haag

Du rootbaggigs Mäitli,
bis nüd ase stolz,
chum mit mer i d Wise,
chum usen is Holz!

    I han i der Wise,
    im Wäldli nüüt z tue,
    ha Beerli im Gaarte,
    und s Töörli ischt zue!

Isch s Gätterli bschlosse,
de Schmyd ischt paraad;
er macht mer en Schlüssel,
und off isch es graad!

    Scho mänge, wo geern sich
    i d Roose gsetzt hett,
    dä findt i de Törne
    e gstachligers Bett ...

Und mängi, wo s Töörli
häd bschlossen uf d Nacht,
häds lyslig bim Moondschy
em Rächten uufgmacht ...

    De Rächt bruucht käin Schlüssel,
    chunt tunklige z Schlaag;
    er findts ooni Moondschy,
    springt über de Haag!

Nug es Mal

Un umhi still am Wäg zergiit
es Plächchi Isch im Schnee.
Das Triib, wan ig süscht gsuecht ha, giit,
i wiiss's, der Wäg net meh.

Un umhi ischt im Haselhag
der Schnee schon am Zergah.
U nie u niemeh chunnt der Tag,
wa du mer wartischt da.

I stahn am Wäg, un us em Tal
git jitz e Glogga a –
I wellti nug es iinigs Mal
mit dier der Grund us gah.

Flügt es Finki ...

Flügt es Finki d'Hostatt us,
eh, wi muess's pressiere!
Nimmt ma süscht der ander ds Hus
u tuet drind regiere.

Flügt es Fugsli ot dem Rii,
wott sis Wibi suehe.
Gugg, wi luschtig ganggle si
ot de bluttem Buehe!

Jümpferli, tue net so stolz!
D'Jahr gahn iis nam andre.
Bringt nus ds eerschta Luub i ds Holz,
giit er mit der andre.

Parad

Wen ig iinischt gstorbem bi,
o wi schüchter froh bin i,
wen ig cha zun däne cho,
wa mer früei der Tod het gno.

O wi muess's es Gfröwe si,
zämen u dahiime z'si.
Heer im Himel, gi'mer Gnad,
mach mig für e Tod parad.

GOTTLIEB WALTER LÜTHY

Bureläbe im Suhretal

Mit em Charscht übers Fäwd ie schlo,
bis Zobe nit noche lo
bi awem Wätter und Wind,
bis d Härdöpfu vüre sind.

Wenns lütet, Zvieri näh:
Hock uf e Sack ab, sä!
Neus Moscht, wo überegoht,
und Späck und Burebrot.

Dr Appetit isch gross!
Und denn gohts wieder los,
bis Näbu git im Taw,
spot hei und no i Staw.

Go hirte, mäwe, wow,
e plattige Chessu vow.
Büs, Büs! chumm gschwind, wo bisch?
Denn hockt mer hinder de Tisch.

Nom Äsze ne Rung uf d Chouscht
und räuke wie ne Brouscht,
go schlofe wie ne Mur:
so wärcht und läbt dr Bur!

Jede Bättler ab dr Stross,
jede Chräi, won i verschüche,
seit und rüeft: Hesch Tisch und Dach
und es Chemi, wo cha rüche.

Jede Baum am wisse Bärg,
d Ross, wo vor dr Wirtschaft früre,
mahne mi: Hesch Hei und Härd
und e Bigi Holz zum Füre.

Alles, alles, won i ha,
jede Batze, won i spare,
froge mi: Hesch au es Härz?
Möges dini Brüedere gwahre?

Augschtefyr

Usem Schuelhus hanges Fahne,
Schuelermeitli gähnd en Reige,
und en Redner tuet dra mahne,
dass mer Schwyzer Freiheit heige.

D Musig blost, es Männerchörli
schmättret Eidgenosselieder
und mer glaubes bime Höörli,
dass mer Schwöschter sind und Brüeder.

Turner byge Pyramide,
Buebe löhnd Rageete schwärme,
s Vatterland mag das verlyde –
D Stärne schwige zu däm Lärme.

s letscht Fueder

S wird föhnig dury,
und s Wätter wott chehre,
jetz ligge mer dry,
jetz wämmer is wehre!

So, rächet mer zue
und machet a d Mahde,
nänd d Gable, gähnd ue,
so vil i mag lade!

Gschwind! s donneret scho,
so möge mer gsetze,
so möge mer bcho,
öbs chunnt choge netze!

Seh, hantli e chli,
channsch d Rächete länge,
dr Bindbaum, und hü!
mer trabe, mer spränge,

mer rumple i d Schür.
S blibt nüt meh dehinde.
Mags rägne und winde,
s isch gheuet für hür!

Odysseus geit zur Chünigin Arete (Auszug)

Drufhi geit zum wunderschöne Palascht der Odysseus,
blybt a der ysebschlagnige Schwelle no stah u wärweiset.
Ähnlich em Mondschyn, em Strahl vo der Sunne, so lüüchtet es
    zglanzem
zäntum im hööhe, böimige Prachtsbou vom herrliche Chünig.
Bronzebschlageni Hööchwänd strecke sech längshi u ztromsig.
Obehi louft e Simsechranz vo blauer Glesüüri.
Guldblächbschlageni Türe versperre di inneri Wonig.
Pföschte mit silbrige Bschleg stöh uf ysebschlagnige Schwelle.
Silbrig schimmeret ds Türgreis, u guldig lüüchtet der Türring.
Beidsytig luusse guldig u silbrigi Hüng, wo Hephaistos
kunschtvoll mit findigem Geischt u gwaltigem Chönne het gschmidet,
sölle si doch em herrliche Chünig sys Huus überwachen
als unstärblechi Hüeter, ekeinisch alten u wüeschte.
Dinne, längs a der Wand, vom Ygang bis z'hingerischt hinger,
Rejen a Reje vo Sässel, usgspreiteti Dechine druber,
ds gwobnige Wärch isch's us gschickte Händ vo kunstsinnige Froue.
Dert druf sitze zu Zyte di hööchschte phaiakische Fürschte,
chüschte hie Spys u Trank. A settigem het's ekei Mangel.
Guldegi Buebegstalte stöh uf wunderschön gformte
Sockle zäntume u trage zglanzem brönnegi Fackle,
für i der feischtere Nacht allne Gescht im Palascht inne z'lüüchte.
Meitschi, wo dinnen im Huus inn hälfen u diene, si füfzgi.
Teil verchnütsche uf Müline gälblech gfarbete Weize.
Anderi wäben es Wubb, u wider anderi spinne.
Z'luegen isch's wi ne Reje vo Bletter am glimpfige Saarboum.
Herrliche Schyn wi der Ölglanz flügt über ds gwobne Lylache.
Wi's de Phaiake ggäh isch vor allnen andere Manne,
miteme gleitige Schiff über d'Meereswytine z'suuse,
so si ihri Froue den anderen über im Kunstsinn,
het se d'Athene doch bschänkt mit gwirbige Händen und Yfäll.
Hingerem Hof, vier Jucherte grooss u zneechscht vo der Türe,
ligt e herrliche Garten, uf allne Syten umheeget.
Dinne wachse hööhi, vo Früchte rychgsägneti Obstböim.
Saftegi Bire si drannen u Öpfel mit rosige Backe,
süessi chüschtegi Fygen und ölsaftgfüllti Olive.

Nüt geit a de Böime je zschande, no fählt es zu Zyte
öppen a chöschtliche Früchte; nei, ständig löökt sen e hilbe,
laue Luft u laht se gruene, blüejen u ryfe.
Biren uf Bire gratet, ei Öpfel chunnt nachem andre,
Trübel süessen am Ghääl, u Fyge ryfen uf Fyge.
Zneechscht vo der Hoschtet ligt e groossen, ergibige Räbbärg
miteme Bitz zum Trübeltröchne uf äbenem Bode,
längs a der brüetige Sunne. Scho het es Trübel zum Läse,
da zum Moschte, währet teil Stöck erscht d'Blüeten abstosse.
Teil si no bitter u grüen, währet andri scho feischtere, süesse.
Zhingerscht im Garte, guet yteilt, ligt eis Bett nachem andre
voll vo allerlei Gmües. A däm fählt's ds Jahr dür ekeinisch.
Fliesse zwo Quelle. Di einti versorget u füechtet der Garte.
Unger der Huustür verdüre, zum Ygang vom fürschtliche Prachtsbou,
rislet di andri. Dert fasst u holt sech der Bürger sys Wasser.
Settegi chöschtlechi Gabe spände d'Götter am Chünig.
Über das alles stuunet der göttlech Dulder Odysseus.
Win er vom Stuune ersteit, überleit er alles no einisch.
Drufhi geit er mit sicherem Schritt über d'Schwellen i Prachtssaal.
Trifft bir Abefyr di phaiakische Herren u Fürschte,
wi si am Hermes z'Ehre, am tapfere Töder vom Argos,
churz vorem Schlafegah es Opfer spändieren u bringe.
Gleitig dürlouft er der Saal, der göttlich Dulder Odysseus.
No umgit ne usichtige Dunscht vo der Göttin Athene.
Itz erlängt er der Chünig Alkin u d'Fürschtin Arete,
chnöilet vor der würdige Gstalt vo der Chünigin d'Bode.
Flieht uf ds Mal der usichtig Dunscht vo der himmlische Göttin.
Alles Reden erstirbt zäntume, wi si ne sichte.
Stuunen u luege muess jede. Da ghört me nen aaha u rede:
«Dir, Arete, o götterverwandti, himmleschi Fürschtin!
Dir und am Chünig halten ig a i gwaltigen Nöte,
euch, ou allne hiesige Geschte. O mögen euch d'Götter
Läbe schänken u Glück nid zum Zelle! Mög all eune Chinder
Rychtum bliben u hööhi Ehr u Gunscht bi de Bürger.
Mir verhälfet aber alli zur gleitige Heifahrt.

Lang scho, vom Unglück verfolget, läben i, wyt vo deheime!»
Usgredt. Itz sitzt er drufabe bim Herd i di stoubegi Äsche,
zneechscht bim Füür. Vor Stuune redt längszyt niemer zäntume.
Redt afangen und ändtlig der steialt Held Echenëus.
Unter allne phaiakische Mannen isch är ja der eltischt
und im Rat vo de gschydschten u chünds de früehere Zyte.
Guet überleit nimmt er ds Wort u laht sy Meinig verlute:
«Nei, Alkin, wi mir'sch itze tryben, es macht ekei Gattig.
Muess itz dä Frömd am Herd ufem bloosse Bode gwüss sitze.
Alles isch wi verschmeiet. Si warte blooss uf dys Zeiche.
Heiss ne Platz z'näh uf eim vo de silberbschlagnige Sässel.
Lah der Mundschänk vo neuem vom chöschtligschte Wy no la mischle
u ne drufaben am donnerfreudige Zeus ou spändiere.
Isch er doch Schutz u Schirm vo allne würdige Frömde.
Gib ihm ou Spys u Trank zum z'Nacht vo dym rychliche Vorrat!»
Chuum het der gottbegnadet Chünig di Meinig erfahre,
geit er zum leiderfahrnige, nie verlägnen Odysseus,
zieht ne vom Herd wägg u heisst nen i eim vo de Sitze grad Platz z'näh.
's isch Laodamas Sitz, sym eltischte Suhn u sym Liebling.
Ritterlich macht ihm dä Platz, süsch ständig zur Syte vom Vatter.
Bringt itz es Meitschi Wasser ire prächtige, guldige Channe,
giesst's zum Wäschen ihm über d'Händ in es silberigs Becki,
stellt drufabe vor ihn es prächtigs, spiegelglatts Tischli.
Chunnt no ne würdegi Dienschtfrou u tischet Brot uuf u Güetzi,
volli Platte mit mängerlei gfreutnige, chüschtige Spyse.
Herrlech tüecht's der Odyss, und er trinkt und isst mit Vergnüege.
Seit itz Alkin, der herrlich Chünig u Herrscher zum Mundschänk:
«Mischle mer, Weibel, no einisch vom chöschtlige Wy i der Channe!
Allne gang nahe! Em donnerfreudige Zeus sig es z'Ehre,
isch er doch Schutz u Schirm vo allne würdige Frömde!»

Bim Erwache

Ghörsch am früeche Tag i'r Linge
Froh die erschti Amsle singe,
Un erwachisch, luege dyni
Ouge douchel, frömd i myni.

Stuunisch no mit allne Sinne,
Wi's di reuti, gägen inne,
Wo ne Troum i'r Morgesunne
Z'luter Äschen isch verbrunne.

De dernah, ufs Mal, da gsehn i,
Wi ne grossi, glänzigschöni
Freud der us den Ouge lachet –
Un erscht jitz bisch ganz erwachet!

Herbscht

Munter rüeft im Wald es Horn,
Boum u Gstrüpp u Brammerdorn
Sy scho lang erwachet.
Näbel tanzen uf em See,
's chlepft e Schutz, u 's fallt es Reh,
U der luschtig Jeger lachet.

U dür Gras u Morgetou
Geit e stilli, bleichi Frou,
Wo nes Chingli wiegget.
U der Hornstoss tönt uf ds Mal,
Widerhallet lut im Tal,
U die bleichi Frou, die briegget.

Uf em Todbett

Er lost eim nümm –
U luegt eim nümmen a –
Ghört er e Stimm?
Wi töif erstuunet lyt er da.

Er lat si nümme meh vom Lyde störe.
Er schnuufet lys u lyt ergäbe, stille,
Wi wenn er öppis angers wurdi ghöre –

Mit eme fyne Glänze fülle
Si syner Ouge – luege dür u dür –

Me gspürt: er gseht scho änevür!

Meje-Räge

Es fallt e lyse, dünne Räge.
I taape müehsem Schritt vor Schritt.
Es springt mer douchli Nacht ergäge.
Kes Stärndli geit am Himel mit.

Die Matte, d'Fälder grupe feischter.
Wildfrömd u ändlos isch der Wäg.
Die schwarze Bäum wi bösi Geischter,
U gspäischtig stange d'Stude zwäg.

Die Hogerwälder so wi Chatze,
Mit runde Puggle, schwär u gross;
Sie talpe läng mit scharfe Tatze,
Un unger rünne Bechli los.

U stosswys schnützt mer hinger nache
Der Luft u chutet chalt u füecht.
I gseh uf ds Mal i ds Dörfli ache –
Lueg: i mym Hüsli wartet Liecht!

Winter-Freude

Ändtlig rächte Schnee, nid Lümpe!
Chlyni, fyni Stärndli falle!
Chrüschig isch er u wott blybe!
Gryff, er lat si nid la balle!

Jitzen use mit em Schlitte!
Näht der Wärchzüüg, fasset d'Bieli!
Dicki Tanne warte dobe
I der Hohlen un am Flüehli!

Luschtigers git's nüt im Winter,
As am Wärchte Saagemusig,
U we d'Trämle chroose, chrache:
Ladeholz, u Holz für d'Bhusig.

U de, a de schöne Sunnde,
Näh mer der Traguner vüre!
Mit em Chrüzgschäll uf em Rügge
Füehrt er is dür d'Dörfer düre!

Schnuusse muess es! Mit der Geisle
Wei mer Liedli ache lyre,
Dass der Fuchs tuet d'Ohre litze
Un am Bode d'Yse gyre!

U dass d'Meitschi i der Gägni
Gwungeren u d'Näsli lüpfe,
Frage, wäm die Buebe sygi,
Wo so d'Chöpf i Äcke müpfe!

Der Gwungerig

Was trappisch gäng a'r Weid verby
U trybt di o da ueche?
Was guenisch mer dür d'Hoschtert y
U hesch da obe z'sueche?

«Warum i muess da ueche cho –
He, wäge dyne Tierli,
Dys schwarze Füli gfallt mer so
U dyner rote Stierli!»

Dass's nume wäg de Tierli syg,
Isch wääger nid zum gloube!
Spanyflisch na der Schyterbyg
U na der Stübli-Loube!

«De isch's mer wäg de Granium
U Friesli, Meierysli,
Sie blüeje niene so z'äntum
Wi doben a dym Hüsli!»

Nei, Bueb, die Blueme luegsch nid a,
Du gwungerisch derhinger!
Gib rächte Bscheid enangernah,
Süsch nime di i d'Finger!

«Gäb wi de bouelisch u dröisch,
Es battet wäger weni,
U we de's öppe no nid weisch,
I chume wäg em Vreni!

U hüetisch's wi dy Ougestärn,
Hesch's hinger sibe Wänge:
Hei zwöi wi mir enanger gärn,
Chöi Vätter nüt erzwänge!»

Uf Nacht und Weh

Vor Tag, wenn d'Stärne bleiche,
Muess i dur d'Matte goh.
Tau hangt an alle Halme
Und d'Heiteri tröpfelet scho.

Das flummeret und das glaschtet,
I ha no nüt so gseh!
I tuusig-tuusig Füürli
Verbrennt mer d'Nacht und 's Weh.

Lue, undereinisch taget's!
I schnuufe Morgeschnuuf.
Und 's Härz und alls wyt umme
Tuet si für d'Sunnen uuf.

Allerseele

Grab lyt a Grab. Und Räje stosst a Räje.
Jedwädes Plätzli anderscht ... Arm und Rych
Hert ufenand. Und numme drüber 's glych:
Herbschtsunn und Laub, wo lys will abewäje.

Do gyxet 's Gatter. 's räzt im Chis und garet.
Lüt chöme har. Die bringe Meie mit.
Emängge schwätzt. Die andere lose nit ...
Frönd gege Frönd, ze Chnottete zsämegscharet.

Me luegt. Und wär no wähli Blueme findet,
Ruumt uuf dermit, stellt früschi Meien y.
Und alles schwygt, lot Stilli Stilli sy
Und gspürt, wie die im Gheime zsämebindet:

Di ville Lüt do zwüsche Greberräje
Sy für nes Rüngli nümmen arm, nümm rych,
Sy numme Möntsch ... und gönge glych uf glych
Dur d'Sunne hei, wo drinne Laub tuet wäje.

Schlittle

Es schneit und schneit syt Tage.
Gly wird e Schlittbahn sy!
Jez mag i nümme gwarte,
I hau vom Späck e Schwarte
Und schmutz my Schlitten y.

Dä muess mer wider laufe
Der Stutz ab ... alls vora!
I wetze syni Yse
Und will in wäger wyse,
Wie's wyt ekeine cha!

Und wenn der Schnee tuet gyre
Und glatt wird, satt und hert,
Do rumplet's und rumpuuset's,
Do chuttet's und do suuset's ...
Huu, wie nes Höllegfehrt!

I schnütz dur alli vüre
Und wättere durab.
Das stäubt, das fot a wäje,
Und d' Maitli tüeje chräje,
I aber lache drab!

Gfunde

Ha öppis lang, so lang scho gsuecht
Und ha's doch niene troffe.
I bi derwägen ohne Rueh
Die halbi Wält abgloffe.

Do gsehn i Di im Garte stoh.
I chumme zue der yne.
Und was i gsuecht ha, tuet mer still
Uss dynen Auge schyne.

Yneszue

O löit mi wider immi ynegoh!
Löit alles um mi ummen abetropfe
wie s Näbelgfötz im Bach und Woldrand noo,
wenn d Tröpf wie Hämmerli uf d Bletter chlopfe.

Und löit mi fürn e Rung mir sälber sy!
Süscht wäits mi wytter wien es Blatt dur s Läbe,
wo no vom Luft chly trait wird – und scho gly,
vom Näbel gnetzt, am Strossebort blybt chläbe.

O sones Stündli, won i wider ha!
E Wält goht uuf wie s Bluescht, früsch uusegschloffe
und Helge gwahr i, Wyse loos i a –
i läbe neu – und s Läbe stoht mer offe!

Es isch mer glych

Es isch mer glych, öb's stürmmed;
Es isch mer glych, öb's blitzt,
Wän i der dunkle Chamer
Mys Gspüüsli bi mer sitzt.

Es isch mer glych, öb's rägned;
Es isch mer glych, öb's schnyt,
Wän mir mit lindem Tschüüpli
My Schatz am Härz zue lyt.

Es isch mer glych ums Ässe,
Es isch mer glych ums Trank,
Wän ich bim Schätzli traume
Glücksälig uf em Bank.

Es isch mer glych ums Schlofe;
Es isch mer glych um d'Nacht,
Wän still, so Hand i Händli,
Mys Müüsli bi mer wacht.

Es isch mer glych, wo's pold'red;
Es isch mer glych, wo's chyt,
Wän mir my mögig Ängel
Sä himlisch d'Schmützli git.

Es isch mer glych, was s'säged;
Es isch mer glych, was chunt,
Wän nur i's Gspüüslis Arme
My Liebi Bode gwunnt.

's Schmittefüür

Eine vo den erschte
Ischt im Dorf der Schmid.
Luschtig flakt sys Füürli,
Chind, sä früeh as d'witt.

Früehner chunt nu d'Chile
Mit em Cherzeglanz,
Mached a der Stross no
D'Ämpeli der Tanz.

Zytig sind s' im Gässli
I der Bekery,
Wirted s' au im Schwane
Scho bim Lampeschy.

's Toteliechtli zwitsred
Zuen 're Chamer uus ...
D'Milch süüt jetz fürs Göifli
D'Frau vom Nochberhuus.

Ohni Liechter z'dänke
Wär kei Bahn, keis Gleis.
Und dä git's nu Schimmer,
Chind, wo niemer weiss.

's lached eini heimli,
's hät 're eine no;
Und si trait im Härzli
's Schmittefüür dervo.

Friei im Frielig

Es ischt friei im Frielig
im aaberre Fäld.
Der Fehnn chuuted ds Tal uus,
schmilzt Schnee und biegt d Wääld,
macht blauer den Himel
und wiit, eso wiit,
en Amsle tue z singen
es Gsatz Lengiziit.

Der Fehnn und sii Singsang
ischt Wiin i mmiis Blued;
i finden der eerscht Bluemmen
und tuen nen uf en Hued;
i finden es Meitschi,
äs gid mer siin Hand,
wird roots uber ds Gsichtli
und lached i ds Land!

Sunnen im Merzen

Winter tued de lleschte Schnuup;
Sunne wwil si eimm erbaarmen;
trechned Isch und Glunti uuf
Liib und Seel derbie mag waarmen.

Ds Gässli uus und ds Gässli in
steibelled's mer undre Schritten,
chrächelled im Sunneschiin
ds Rafewäärch an Huus und Hitten.

No stähn Bäärga wiiss vo Schnee
gägen blauen Himel uehi;
aber all Tag meh und meh
schwiind o dert der Winter zuehi.

Wen eis ...

Wen eis der Tood chunnd sägen:
«Bischt gräch? Dii Ziit ischt daa!»
I hätt' ihm niid derggägen;
i bscheidete mma: «Ja,
no grad es Eugenblickli
lach losen mi dem Wind,
und wie im Chriesbeutolden
en Amslen umhi singd.
No grad es Eugenblickli!«
Und schickte mmi den drin,
Är wurd's em beschte wwissen,
wen i hie firig bin.

Chaalta Wind

Hescht du das o schon eis erläbt?
Du hescht en Mentsch zum beschte Frind,
in Gued und Bees bischt du ihm chind
und prichtischt mid ihm leub in guete Triwwen
uber alls, von Hell und Himel, Aarbeit und vom
        Gliwwen,
vom Läben und vom Stäärben,
wie t' eppa eis o dra chon bischt.

Und undereinischt gspirscht, das du elleinig,
der Frind der fremd wie baald e Fremda ischt.
Und undereinischt, tuucht's di, chemi wiit, wiit har
e chaalta Wind und machi alls nid wahr. –

Wehtiends

Es Euto fahrd i d Nacht.
I schlaaffen niid
und losen ihm nah
und gheere's wiit.
Es hed de Tokter bbraacht.
Ganz näbenuus
inem einzigen Huus
geid's fascht nid meh,
macht epprem ds Läbe wweh.

Induuchlen

Aabe chunnd
uber Bäärga embrin,
leid si im Grund
sametig hin.
Liid ubere Wwääldren,
si gspirren ne chuumm,
liid ubere Fäldren
en duuchliga Fluumm.
Spinnd um mi z ringsum
und liired mi in.
Weis niimma, ob i diheimmen
old wiit, wiit furt bin.

Misstriww im Sin und im Schrid,
Schue fir Schue,
von eimm Boort rickt's anhi
dem andre zue.

Hinna i Sunnen und Liecht
schwiind es Land.
Voornaaha ischt Fremdi,
näblega Rand.

Uberne lenglenga Stäg
trääge mmi bBein.
Es ischt mer, i chemi
nie niemeh hein.

Eugewwasser

Nah em Lächle chunnd ds Bächli,
naa der Sunnen e Rrägen,
's hed jedes sii Ziit.

Es Eug ohni Wasser,
es Land ohni Rägen,
i wil en Ech sägen:
I truwwet ihm niid!

Dr Tringger

S het mängge glacht und brichtet
Un het mer Nämme gseit.
Doch gheine dänggt, wie s wirset,
Wenn ein ne Burdi treit.

Ghör ig ne Bächli ruusche,
So chan is wohl verstoh:
Es treit die letschti Hoffnig,
Is tiefe Meer drvo.

Denn stohn i ganz elleini,
Dr Mage ruurt wie wild,
Jetz held i myni Glesli,
Un gseh ne schöner Bild.

I lueg wie d Wulche wandre,
Flieg mit ne wyt i d Wält,
Bi glügglig wie ne Chünig
Un bruuch ghei Batze Gäld.

Chunnt einisch s Glügg i d Stube
Un luegt mi fründlig a,
So säg em: «Bisch willkumme!
Jetz chausch mi Glesli ha.»

Wohar – wohi?

Ne Vogel fliegt dur d chalti Wält.
Wohar? Wo goht er hi?
Ne Schatte fallt uff s wysse Fäld:
s chennt öiser Läbe sy.

Zweu Gheimnis stöh wie Bärge do,
Drzwüsche lyt ne Traum.
Herrgott, fiehr öis dr Sunne no
Zum Ebigfreudebaum!

Jelängerjelieber

Maiebluescht u Rosezyt,
beides isch verby.
D'Wält, vor Jahre gross u wyt –
ach, wie wird sie chly!

Ds Läbe füehrt is wider zrügg
der verlornig Wäg,
über mängi breiti Brügg,
mänge murbe Stäg.

Ds Füür, wo einisch gäih het brönnt,
hütt ischs bloss no Gluet ...
Wenn ders nume zeige chönnt:
Ou eso ischs guet!

Es Bstellts

Er isch lengschte voll, my Züber,
un i chniepe da u stah!
Scho nes Rüngli louft er über –
i muess mache, Hans, u gah ...

Nei, i cha der nüt verspräche,
mit em beschte Wille nit! –
Also los! Du bisch e fräche!
Mach nit, dass' no Töibi git ...

Hans, du kennsch doch üse Bäri,
wie-n-er wachber isch u scharf!
Nei, da hilft keis Tiritäri –
dä weiss gnau, wär zueche darf ...

Ätti ume Finger lyre,
dass er früech i ds Huli geit?
Ach, we d'Gadestägli gyre
nützt das weni – u wie gseit ...

Hör mer uf mit Ammes Noudi!
Dä het nie Ussichte gha ...
Nu, so chumm, du tuusigs Loudi –
aber ersch na'm Elfischlah!

Der Mähder

D'Wulche glüeje wie farbigs Glas,
müede verlöschet der Tag.
D'Sägesse ruuschet im füechte Gras,
Schlag uf Schlag.

Scharf u schirbelig tönts über ds Fäld.
Ghörsch, wie der Wetzstei singt?
Wie-n-er en Angscht i die stilli Wält
am Waldrand bringt?

Ds Ysen isch schnitzig, ds Yse tuet weh,
geit a keim Hälmli verby.
Chirbele, Schmalen u rote Chlee –
schicket ech dry!

D'Wulche verblüeten u wärde bleich;
d'Stärne fah z'flimmeren a.
D'Sägesse ruuschet. E letschte Streich –
d'Nacht isch da.

Touwätter

D'Bärge sy zum Gryffe naach –
lueg, wie d'Näbel drann verwäje!
Uf der gfrorne, bruune Braach
grupe schwarzi Hungerchräje.

Grau verfötzlet Wulcheflüg,
wo dür ds Dorf u Täli stryche –
heiss, wie gnietig Ahtezüg,
geit em Föhn sys böse Chyche!

Ds Ysch wird murb am Mülibach;
gly ma ds Rad jetz ume chlopfe.
D'Zapfe tätsche schwär vom Dach –
los, der Chänel faht a tropfe!

U der Rauft us Leid u Weh
wo mer chalt um ds Härz isch gläge,
dä vergeit wie chrankne Schnee
still im erste Früeligsräge.

Sännächilbi

Wer hit schtirbt, chunnt nit i Hiimel,
yysrä Petrus het käi Zyt.
Chrapfä will är und Paschteetä,
gyygä, örgälä, trumpeetä,
a der Chilbi isch är hit.
    Mäitäli, gang und lüäg, wo s gyyget,
    git s Paschteetä, Kafee, Pranz,
    Büäbä, beedälet, johlet, jützet,
    hit isch Sännächilbitanz!

Hinäd blybt käi Mäntsch dähäimä,
Chilbi chat nur äinisch syy.
Jesses, s isch fascht nit zum Gläubä,
Mäitli, tricket beedi Äugä,
äu der Mond isch vollnä gsy!
    Mäitäli, gang und lüäg, wo s gyyget,
    git s Paschteetä, Kafee, Pranz,
    Büäbä, beedälet, johlet, jützet,
    hit isch Sännächilbitanz!

Gläubsch, der Tyyfel holt hit käinä,
äu bi imm sind d Tiirä züä.
är und syyni ganzä Gsellä
hend halt äu a d Chilbi wellä,
all arm Sinder hend hit Rüäh!
    Mäitäli, gang und lüäg, wo s gyyget,
    git s Paschteetä, Kafee, Pranz,
    Büäbä, beedälet, johlet, jützet,
    hit isch Sännächilbitanz!

Titsch und tätsch und derr müäss z Bodä,
wo myys Annäbäbi nimmt.
Müüsig, jetz nu äinä zogä,
Büäbä, Mäitli, hoch im Bogä,
a der Chilbi git s käi Sind!

Suuser und Nuss

S Glas voll Suuser, neie, siesse,
und e Hampfle Nuss derzue ...
besser kasch der Dag nit gniesse,
Gscheiters kasch im Herbscht nit due!

S Baizli schmeggt no Rauch und Stimpe,
und im Egge sirpflet Ain.
An der Wand stehn alti Himpe,
hinde hängt der Turnverain.

D Sunne drepflet uff my Bänggli.
D Wirtsfrau lacht und winscht mer «proscht!»
Vo de Matte kunnt e Gstänggli,
Gillen oder Epfelmoscht.

Vor em Fänschter ruusche d Bueche.
Inne kennts nit stiller sy.
Uff em «prima Mandelkueche»
schlooft e miedi Fliegen y.

D Nuss mit ihrer herbe Syri
basse heerlig zue mym Wy,
und die ganzi Wält – das spyr i –
soll mer hite gstohle sy.

Besser kasch der Herbscht nit gniesse,
nyt git so der Fraid und Rueh
wien e Glas voll Suuser, siesse,
und e Hampfle Nuss derzue.

Im Kryzgang

Kiehl waihts mi a us ändlos färne Zyte,
und ganz vo sälber, wenn is au nit will,
wird us mym gschwinde Gang e langsam Schryte,
so fyrlig ischs im Kryzgang und so still.

Lang blyb i stoh vor dunkle Woopeschilder
mit Zaiche druff, won i mer kuum meh dyt,
und wien in alte, fascht vergilbte Bilder
suech i e Wält, wo lengscht vergrabe lyt.

I gspyr der Tod in allen Egge luure,
dumpf teene d Glogge jetz vo dusse här,
d Vergängligkait luegt us der graue Muure,
i frier, und s aige Härz wird äng und schwär.

Do fallt my Bligg dur d Bogefänschter uuse
uff Stadt und Rhy im warme Sunneglanz.
Scho ootmi frei. Der Herbschtwind gsehn i bruuse
am Wulkehimmel und im Bletterdanz.

E Sunnestrahl schlycht sich ins Dunkel yne
und moolt der Sandstaibode läbig rot.
Und jetz uff aimool wotts mer nimme schyne,
als syg do innen alles alt und tot.

Dä Schuelbueb dert verzellt, versteggt im Schatte,
der neyscht und gar nit hailig Witz sym Frind,
bis baidi frehlig iber d Greeberplatte
der Pfalz zue springe wie zwai jungi Hind.

Und do das Pärli hinde by der Syle,
wie gniessts dä finschter Eggen und sy Schutz!
Es dänkt nit dra, vor graue Greeber z hyle,
und git sich sälig und vergniegt e Schmutz.

I gang der Pforte zue. An d Arbet will i,
ins schaffig Läbe zrugg, i frai mi druff.
Und häll, no aller Dunkelhait und Stilli,
goht iber mir der sunnig Himmel uff.

Buebezigli am Morgestraich

Drei Drummlen und zwai Piccolo
und nimme vyl derby,
so gseht me si durs Gässli ko,
so ziehn si d Stadt dury.

Si hän sich d Larve sälber gmoolt
vo gääl bis veyelett,
und d Mamme het vom Eschtrig gholt,
was si an Fätze het.

S isch wirgglig nit vyl Bsunders dra;
d Lyt luege kuum, was wottsch!
Der Joggi het e Waggis a,
der Fritz e Buuredotsch.

S Ladärnli het kai Kinschtler gmacht,
s het do und dert e Bugg.
Si trages ainewäg dur d Nacht,
als sygs e Maischterstugg.

E Junteressli gumpt voruus;
s het Mieh, s wird fascht verdruggt.
Am Egge scho, bim näggschte Huus
hets d Dunggelhait verschluggt.

Drei Drummlen und zwai Piccolo ...
Und doch! Uff Schritt und Dritt
goht vornedra und hindeno
die alti Fasnacht mit.

Septämber-Wääg

Bletter sind und Beeri
Gschwüschterti vom Füür.
Chunt e Blegi eim i d Queri,
Sinnisch lang, was eim ächt hüür
Äsche wird, was Gluet isch plybe.
Blyb dis Läbe lang
Uffem rächte Gang –
Dim Gebott verschribe!

Maieros

Ich weiss es Chind, 's heisst Maieros.
Kei schüüners wyt und breit!
Flingg Füessli häts wie ds Reh im Moos.
Maieros, Maieros,
Was häsch mer nächtig gseit?

«Tängg Grüezi, wie-e-n-allne Lüüt,
Keis Stäärbeswöörtli mih.»
Und vu de Bligg seisch suuber nüüt,
Maieros, Maieros,
Die hani lüüchte gsih.

«As d Auge bychte müend, das wär
E leide nüüe Bruuch.»
Wer Finger hät, der bruucht kei Schär.
Maieros, Maieros,
Nimm Rösli abem Struuch!

Und gwündreds dänn am Stubetisch:
Wer hät der d Rose gy?
So säg, as d Wält kei Bychtstuel isch.
Maieros, Maieros,
Der Lanzig sigs halt gsy.

Dsunderobsi

Und zeismal chunt e Sturm i ds Land,
E Sturm wie nie vorane,
E Geissle i der einte Hand,
I diser, lueg, e Fane.
Was hööch und heilig isch im Volch,
Das will er eim vernüüte.
Us Ehremanne macht der Strolch
Nu Gsindel vor de Lüüte.
Und Güsel isch, was ggulte hät,
So lang mä Woort cha truue
Ja, Rose sind em nüüt as Jät.
Kei Grundmuur blybt zum Buue!
Und statt em Chrüüz e Geisslezwigg,
Wo immer chlepft und schwanzet!
Mä gspürts a Stirne und im Gnigg:
Jetz wird mit Tischtle gchranzet.
Wo isch der Held, wo hanestaht
Und d Larve abeschränzt,
Wo halt sis Häärz nüd vogte laat,
Wenn au em Tüüfel alls scharwänzt?
E Meischter läbt, wo anderscht misst.
Er hät nach Frävel, Luug und Moord
E Bligg, wo Trüüi nie vergisst,
Und glych das letscht, das eebig Woort.

Erträge

Du bisch es Chind e grosses
Und weisch halt nüd was seisch
Und au nüd weli Buurdi
Du eim uf d Achsle leisch.

Ich wills ja gäre schleigge,
Was du mer bygne witt.
Nu blyb mer trüü zur Syte
Mis Läbe lang im Schritt.

Dä wird mer Wind und Wätter,
Kei Stutz, keis Tobel schwär.
Ich träge dini Laschte,
As öbs di sälber wär.

Und will der nuch eis singe
As Chnächt und Musikant.
Drob wird der alles heiter
Im ganze Äärdeland.

Nu säg mer zletscht: «Es langet,
Stell ab, du Liedlima!
Mir wänd uf üüsrer Buurdi
Jetz zäme Sunntig ha.»

Ich will ja nüüt vergäbe
Und weiss kei andre Bscheid:
Was Bstand hät i mim Läbe,
Isch alles zeerscht er-treit.

Jütz imal

Zum jützu
müescht alleinzigu si.
Im Lerchwaldji
di Geiss hietu,
uf der Furra schtaa
und d Säggessa wetzu.
Oder vom Grat
ins Tal imbri lotzu,
wo dini alti Liäbschti
gheiratni ischt.

Zum jützu
müescht Doheimu
Heimwee ha.
Müescht gschpiru,
wiä der Wind
der ds Seel üsschrisst
und uber alli Bärga fort
zum Himmel treit.

Dü müescht gschpaltus si,
als gebs di nimma mee –
und als hets di
öü niä gigää.
Aber jützu müescht
was d üssa bringscht!

Chum, jütz imal!

Wer geit nus ga sägu?

Chlotildi los,
heb nid immer d Hend im Schoss.
Tüe im bitz Holz naa
und rier d Suppa-n-aa.

Iischum arm Schnäggu
ischt eppis passiert,
so waar ich hie schtaa! –
Tüe no is Schittji naa.

Chum va de Pfeischter iwäg!
Schi sind mit dum Schlittu zwäg.
Lüeg, schi gent der ds Derfje üf.
Chlotildi pass güet uf d Trächta üf. –

Müetter, an iischi Port
chlopft epper in eimu fort.
Der Pfarheer schteit vorna im Rägu.
Säget Müetter, was selli mu sägu?

Chlotildi, säg, ich tieg nu erwartu.
Gang, es hilft jetz nid z unartu.
Heb Gottvertriwu. Tüe nid trotzu. –
Aber dum Fir brüchscht wäärli nimma z lotzu.

S isch is äbe mängs vergroote,
mängs hei miir uf d Syte gleit;
mänge Wunsch, wo miir hei gstrychlet,
isch is zletscht glych no verheit.

We o Fäde sy verrisse,
Schärbi zbode troolet sy,
zettlet ds Läbe nöji Wüppli;
znöjem hänkt es umen y.

Ds Böimli drybt es früsches Dolder,
d Meje bchymt, u loot sech zwääg,
ds Bechli fingt nam Wätter d Chrinne –
u der Mönsch gseet ou sy Wääg.

D Chrinne

Z mitts i der Nacht, ir lyse Nacht
sy mir am Himel nöcher;
de gäng, we niemer umis wacht,
stö d Stärne dobe höcher.

U de redt öpper, wo nid gsesch,
ganz i dir sälber inne,
u wo du vüra by dr hesch
i dyner töiffste Chrinne.

U was er seit, isch glanzes Füür.
U mängisch lälle Flamme;
us üsere vermachte Schüür
schlö siinis roti Schramme.

Ds Ching

Dussen isch d Nacht –
Dinn isch der Troum;
zmitts dinnen im Härz
e Öpfelbluestboum:

Es Ching heig mi gstrychlet
u glächlet derzue.
U Mys sygs u läbig;
heig Chuttli u Schue.

Duss isch der Tag –
Alls isch e Troum;
es geit mer gäng noo
bis zum Toteboum.

Lied

Heiss isch d Sune, schwäär de Rääge,
Chüel de Wind vom Bärg is Fäld;
Aber was ich dir wott sääge,
Seit käs Wort vo däre Wält.

Töönt kän Ton von Gloggen abe,
Cha kän Stärn vom Himel laa,
Will i ales tüüf vergraabe
I mym tunkle Härz drin haa.

Wulche faared, Vögel pfyffed,
D Luft stygt uf de Hügel ue,
Ali Frücht an Bäume ryffed,
Nu my Blüete blybed zue.

Tüüf im Härz drinn tuets mi bräne,
Gschpüürsch nüd, was i säge wett?
Wien i, wännt mi guet würsch käne,
Für diich tuusig Zunge hett?

Im Tunkle

Wän i znacht im Tunkle ligge
Und kän Ton im Huus drinn goot,
Merk i, wien am höchschte Himel
Liis en Stärn sich fale loot.

Halb im Wache, halb im Traume,
Gschpüür i: Vor de Feischterspält,
Hööch im Silbermeer vo Sune,
Treit jetz d Nacht en Schmärz dur d Wält.

Uusglöscht isch syn Schii am Himel,
Ändlos schynt sy tunkli Faart –
Nu mir isch, i heyg em lang scho
I mym Härz e Heimet gschpaart.

Dä Gloube, wo blybt

Ynezwängte Gloube
Isch e Dorn im Fleisch.
Uuferzwungne Gloube
Isch e Lascht, wo treisch.

Sälber gfundne Gloube,
Gsuecht und übercho,
Dä cha dir im Läbe
Nümm verlore goh.

Dys Härz muesch loh rede

Dys Häzr muesch loh rede,
Nit bloss der Verstand.
Syt uralte Zyte
Het nume Bestand
Was d Mönsche vo Härze
Mol zämetreit hei. –
Es Huus bruucht ou Wärmi
Und nit nume Stei.

Dys Härz muesch loh rede,
So bouisch e Brugg
Zu anderne Mönsche –
Zu dir wider zrugg.
Elei mit Verstand chunnt
Me niemerem noch:

Lohsch s Härz loh mitrede,
Verstoht me dy Sproch.

Der Tod

Wenn rüefsch du mir? Geisch hinecht no verby?
Wirsch di scho greujig i der nöchschte Nacht
u ziehsch mi abe i dä feischter Schacht,
wo Liecht u Wermi nie meh bi mer sy?

Gsehn i di lätz? Am Änd luegsch fründlech dri!
Git dir der Herrgott villicht alli Macht?
Zeigsch mer nen ändlech i syr ganze Pracht
u füehrsch mi in es ewigs Läben y?

Was frogen i? Wenn du's wosch, muess i mit. –
Es wird mer liecht, wil öpper d Händ mir git:
Die alli, wo vor mir dä Wäg si gange.

Drum Tod, bis nümme Find, wird Fründ für mi;
es glöibigs Härz verlehrt doch erscht sys Plange,
wenn's i der Heimat isch, deheim, dür di.

Deheim

Es Mätteli, grüens Gras u Bäum,
es Gärtli näbem Hus,
der Wald, der Jura chan i gseh,
vo üsne Fänschter us.

D Langete ruuschet ihres Lied,
so heimelig-vertrout;
es Spätzli flattret hin u här,
wo a sym Näschtli bout.

Der Gruch vo Läder u vo Farb,
merkt me im Husgang scho;
d Maschine loufe früeh am Tag
u chöme spät zum Stoh.

Im Stübli inn, bim Lampeschyn,
bin i mit Ching u Ma.
Und uf der ganze wyte Wält,
chönnt i's nid schöner ha.

Blüeteblettli

Blüeteblettli falle,
hübscheli, wie Schnee.
Dert uf Bluemegärte,
dert uf früschi Ärde,
saftigs Gras u Chlee.

Blüeteblettli flüge,
bringe fyne Duft.
Über Bluemegärte,
über früschi Ärde,
treit se d Meieluft.

Blüeteblettli tanze,
isch's e Totetanz?
Uf de Bluemegärte,
uf der früschen Ärde,
lyt e wysse Chranz.

En Puuregwërb im Schnee

Es schmöckt vo Chrys.
En Rauch,
es Tach,
en Puuregwërb im Schnee.
Es Liecht im Staal
nu schwach und gääl.
En offni Tüüre,
Tampf und Milch
und tuckti Büsi
um en Täler.
Zwee Schlitte vor em Huus,
der äint no
mit em Chindesässeli.
Es gyret under myne Schue.
De Baugert –
und en blaue Wald zringsum.

Schnee uf de Tächere

Schnee uf de Tächere,
Liecht in Zimere.
E Mueter verzellt.
S schmöckt vo öppisem,
wo fromm isch
und de Vatter
hät glänzigi Auge.

Schnee uf de Tächere –
Drunder sei d Wëërmi
en Lym, wo als
zäme chlöibi,
de Fride und d Liebi.
Mäint me –

S Truurigsy

S Truurigsy isch myni Peleryne,
wickle mich ganz fescht drinie.
S sett mi niemert usezie.

S Truurigsy isch mi Kapuze,
zien si über d Augen ie.
Wett nie mee drususe flie.

S Truurigsy isch myni Bettstatt,
Wööli, rundum, ooni Gjäscht.
S Truurigsy isch umgcheerts Läbesfäscht.

Eyseren äine

Er isch e Puir nach altem Mäss,
hed gäre suire Moscht und Chäs,
chund breit derthar uf lange Beine –
kä Zweyfel, das isch eyseren äine.

Er isch e nuefere junge Ma,
hed d Ländertracht und s Hietli a,
verstahd der Laif und Chaif we keine –
säb weis me, er isch eyseren äine.

Er isch e Bueb, luegt luiter dri,
isch nächti undrem Pfeischter gsi,
hed s Meitschi gweckt mit chleyne Steine –
s hed uisegluegt, s isch eyseren äine.

Er gid hech a, hed Muil fir zwee
und s Leyge tued em nimme weh,
flickt allne Leyt a Zeyg und Zeyne –
ich wett, er wär ... nid eyseren äine.

Er isch als Fremde zuän is cho,
wohnd hie sid vile Jahre scho.
Alls mag ins wohl, Find hed er keine –
bimeich, er isch schier eyseren äine.

Schaad um de Maa ...

Er isch gstorbe.
Schaad
um de Maa.
Er isch
e Wirt gsi.
Hed alles
rächt ggää.
Heds allne
rächt ggää.
Hed allne
rächt ggää.
Hed em ordili
ggää.
Er isch e
gäbige gsi.

ämmetal

die rote nächt uf ds mal
als brönnti dr vesuv
und isch doch nume ds ämmetal
vo haslibrügg zdüruuf

schwär rumplets i de schtäll
und d'mönsche schlafe schlächt
dr himel lüüchtet häll –
was gförchtigs isch das ächt?

die rote nächt uf ds mal
als brönnti dr vesuv
und isch doch nume ds ämmetal
vo haslibrügg zdüruuf

z. b. 25.11.72

hütt
am morge
d'mäldig
geschter
am aabe
sygi
dr mani

dr mani matter
sygi
tödlech

usgrächnet är

z. b. 1.1.73
(es nöijahrsschprüchli)

wäre mr guet
würdi mängs besser

wäre mr besser
würdi mängs guet

liebesgedicht

wenn
e lawine
vo zärtlechkeit
für is z'begrabe
über is abe
geit

schtirben i
gärn e chly
wett i
nid grettet sy

legände

wo dr mönsch mit dr mönschin
isch abgfüert worden us em garten am aafang
hett er em ängel mit dem flammeschwärt gseit:
    «mir wyche dr gwalt –
    du hesch es schwärt
    aber mir hei e keis»

da isch dr schöpfer erchlüpft
isch nachdänklech worde

und gly scho hett er als erschts
syni ängel entwaffnet
    und nächär
    und zletscht
    sich sälber

ungschützt und blutt
überchunnt er sit denn
überchunnt er e so
    dr gnadeschtoss
    mit dr lanze

rosa loui

so rosa
wie du rosa
bisch
so rosa
isch
kei loui süsch

o rosa loui
rosa lou
i wett
so rosa
wär ig ou

früelig

hahnefuess und ankeballe
früelig trybt scho schtyf
liechti rägetropfe falle
radioaktiv

härzig öigt dr erscht salat o
wie ne gwunderfitz
aber warschaupakt und nato
näme kei notiz

löcherbecki

zyt isch nid zahl nid schtrecki
zyt isch es löcherbecki
wo scho nach churzem ufenthalt
dr mönsch z'dürab i d'unzyt fallt

Betruf 1976

Zuä grabä, zuä grabä, am Atom z lieb wemmer
    grabä,
zuä grabä, zuä grabä, am Gäld z lieb wemmer grabä,
zuä grabä, zuä grabä, de Herrä z lieb wemmer grabä!

Angschd und Noot, Gysel und Atomabfäll
welid ab jetz uf diser Alp iri lieb Herberg haltä
und ys Nutz und Gmeinwool erhaltä.

Das isch es Word und d Herrä wissid das wool.

Hiä und um disi Alp da gaad e goldigä Ring,
drin sitzd der Profit, das härzallerliäbschti Chind.

Hiä und um disi Alp um gaad e goldigä Troon
us luiter unbruichbarem Atom
und isch mit tuisig Gfaarä ubergossä.

Hiä und um disi Alp da gaad e dräckigä Grabä,
drin sitzid dri gspässigi Knabä,
der eerschd isch der Profit, der zweit d Machd
und der dritt isch d Ricksichtslosigkeit.

Und diä wend ys vor Ungfell und Schaadä biwaarä.

AVE, AVE, AVE NAGRIA!

Änds Oktober

Es mag äim
und me chas schier nid ertha,
wenn eim der Wymanet
im Novämber verlaad.

s Gold vo de Baimä
und s Jaar roschdrot vertropfd.
Me syfzt: Allerseelä. –
A der Tirä
heds klopfd.

JULIAN DILLIER

Nachd im Baanhof

Da chund d Wält äim vor
wiä uifä gschtueled.
Äinä hed der letschti Zug verpassd.
S faad a chuelä.
Alls isch Baanhof i der Nachd.

E Bäänler gaad der Perron ab.
D Wält hert uif bim Schtumpägläis.
Wer jetz nid gangä n isch,
chund nimmä häi.

schwiizer

luege
aaluege
zueluege

nöd rede
sicher sii
nu luege

nüd znäch
nu vu wiitem
ruig bliibe

schwiizer sii
schwiizer bliibe
nu luege

dörf i

dörf i
dörf i au
dörf i au emal

dörfsch nöd
dörfsch nanig
dörfsch na lang nöd

dörfsch duu
dörfsch du au nöd
dörfsch du au nanig

dörfsch nöd
dörfsch nöd stimme
dörfsch no lang nöd

susch dörfsch scho
susch dörfsch alles
weisch

bisch xii

bisch xii
sötsch gaa
muesch gaa

bi scho xii
sötti namal gaa
söli namal

gang namal
sötsch namal gaa
hütt na

Ds Aagebott

Bruuchsch nümme z sueche,
Chumm zu mir zueche,
I bi ja da.

Bruuchsch nümme z porze,
Verzwyflet z chnorze,
Chasch di la gaa.

Bruuchsch nümme z frage,
Eleini z traage,
Chasch mi ja ha.

Us emne lääre Gygechaschte

us emene lääre gygechaschte
ziet er sys inschtrumänt
und dr chaschte verschwindet

und er spilt ohni bogen
es lied ohni wort
und er treit e zilinder
doch drunder ke chopf
und ke hals und ke lyb
keni arme no bei
das het er alles verloren im chrieg

und so blybt no sys lied
nume das isch no da
denn ou e zilinder
het er nie kene gha

Ds Lied vo de Bahnhöf

das isch ds lied
vo de bahnhöf wo dr zug
geng scho abgfahren isch
oder no nid isch cho
und es stöh
lüt im rägemantel dert
und tüe warte

und ds gepäck
hei si abgstellt und zwöi chind
luegen am outomat
öb nid doch dert no meh
usechöm
als die caramel wo si
scho hei gässe

und dr bahn-
hofvorstand telephoniert
d'mütze hanget ar wand
und im wartsaal isch gheizt
sitzt e ma
won e stumpe roukt wo stinkt
und list ds amtsblatt

mängisch lüt-
tet e gloggen und en ar-
beiter mit schwarze händ
stellt e weiche me weis
nid für was
dänk für d'güeterwäge wo
vor em schopf stöh

und dr bahn-
hofvorstand leit d'mützen a
s'fahrt e schnällzug verby
und es luftet no gäng
wäretdäm
dass dr vorstand scho sy huet
wider abziet

das isch ds lied
vo de bahnhöf wo dr zug
geng scho abgfahren isch
oder no nid isch cho

Bärner Schriftsteuerverein

wo der sime gfeuer no
wo der sime gfeuer no
wo der bauzli no
wo der bauzli no
wo der gotthäuf no
wo der gotthäuf no
wo der liebgott no
wo der liebgott no
aber hütt
aber hütt

modern isch
scho rächt
aber ds aute
wei mer phaute

mir z bärn
si o e chli
modern
aber
ds aute
hei mer gärn

ds aute vo färn
wird de villich
o einisch wider
modern

schwär flüge d beii y
es hunget im waud
ds grüen
geng grüener
trückt uf d hügu

so vou isch ds ämmitau
scho lang nümm gsy
bis ungere himu ufe

hesch fasch ke platz me
chasch fasch nümm schnuufe

langsam rede
wort für wort

ds gläsene vergässe

drybysse
wörter chöie
muuwörter

was hei si für ne chuscht
vo au dene
wo se gseit hei
vo au däm
wo si gmeint hei

luftwörter huuchwörter
zum einten ohr y
zum anderen ohr us

u settigi wo men abeschlückt
u nie seit
magewörter

wörter uf der zunge
wörter zwüsche de zähn
wörter ganz hinde chuum z verschta

u was me brüelet u päägget

u was me chüschelet

u was me verschwygt

langsam rede
wort für wort
e bärndütsche satz
zmitts i d wäut

begägnig

e sali
wie gohts
wieso chunnsch nie
chumm doch einisch

danke
aber
i ha ke zyt
ma niene bcho
i ha ke zyt
i cha nid cho
chumm doch du einisch

danke
i chiemti scho
aber s isch chlei wyt
und
du hesch jo ke zyt

s het mi gfröit
uf widerluege

nach dr prozässion

aui
schtärne-
himu-
heiland-
chrüz-
und
fahneträger

söue iri

schtärne
himu
heiländ
chrüz
und
fähne

de öppe

schtärne
himu
heiland
liebgott
tuusig
tonner
wätter

zruggbringe
und
dr lohn cho hole

nume gäng hü

ässet nume
trinket nume
näht nume
hü nume
nume gäng hü

es röit is nid

biget nume
schtosset ine
und abe
furt mit däm züg
hü nume
nume gäng hü

mir hei gnue
vo auem
ender zvüu aus zweni
hü näht nume

es git jo gnue
wo zweni hei

d wienacht losloh

dr rouschinke isch gschnitte
dr wii het die richtigi tämperatur
gschänk si unger em boum
d cherzli brönne
s wienachtschingli het glöggelet

de müesse mer dänk
losloh

gueti prothese

d öutere von em
si gäng noni
drüber ewägg

dasch haut
scho öppis
und de erscht
23

aber es git jo
afe gueti prothese

Novämbernacht

Dicke kläbrige Föhn
schüttlet an wiegende Bäum
risst d Bletter ewäg
vo den Escht
si schärble am Bode
um d Huusecken umme
zwölf Gloggeschleg gumpe
nach Norde drvo
schrill wie bissigi Hünd
und über de stöhnende Dächer
balge sich gwaltigi Füscht
ums Wätter für morn

Es blieht öppis

Lueg
wie die Blueme
bliehe

Lueg
was dene Blueme
blieht

Nach Auschwitz

Es het sich usegstellt
dass nach Auschwitz
sich doch no
Gedicht schriibe löhn

Me mag numme
nümm so rächt
läbe

Nachwort

Bücher, die durch ihren Inhalt überzeugen und aus sich selbst heraus wirken, bedürfen an sich keiner Vor- oder Nachworte – und ich hoffe schon, dass von dieser Gedichtsammlung eine Wirkung ausgeht, für oder gegen die weitschweifige Erörterungen nichts vermögen: die Wirkung der Betroffenheit, der Ergriffenheit und der Freude. Trotzdem glaube ich, dem Leser ein paar Erklärungen schuldig zu sein. Insbesondere muss wohl ein Wort zur Auswahl der Gedichte gesagt werden.
Die Wurzeln der Deutschschweizer Mundartdichtung reichen bis ins 17. Jahrhundert zurück, einen eigentlichen Aufschwung aber nahm sie erst im Laufe des 18. Jahrhunderts. Damals entdeckte die gebildete Welt den Reiz des einfachen Lebens bzw. dessen, was sie dafür hielt. Man drängte hinaus aus den vornehmen Salons an die frische Luft, aufs Land und in die Berge. Bauern, Hirten, Sennerinnen, mit allem, was dazugehört, wurden zum Inbegriff unkomplizierten, naturverbundenen und daher glücklichen Lebens und zu einem bevorzugten Gegenstand der Kunst und Literatur. Es war naheliegend, dass man sich in diesem neuen geistigen Klima, in dem es dem kulturell rückständigen Alpenland Schweiz erstmals beschieden war, eine Rolle zu spielen, auch des Wertes der eigenen, noch unverdorbenen Sprache bewusst wurde und nun anfing, die modischen Motive der Zeit in mundartlichen Dichtungen darzustellen. Damit war die Mundart als form- und kunstfähige Sprache entdeckt, aber auch gleichzeitig von Anfang an mit einer Thematik verbunden, von der sie sich bis in unsere Tage nur schwer lösen konnte und die immer wieder ins beengende und ärgerliche Klischee, zur falschen, etwas billigen Idylle oder zum gemütvollen Genrebildchen führte.
Um diese an sich betrübliche Situation richtig zu beurteilen, muss man sich allerdings vor Augen halten, dass die Mundartdichtung der deutschen Schweiz ganz deutlich Volkskunstcharakter trägt (ohne allerdings je zu einer echten Volkskunst geworden zu sein): Festhalten an wenigen, immer wiederkehrenden Motiven, Beschränkung auf einfache, dem Liedhaften angenäherte Formen, relative Unberührtheit von den Strömungen der Zeit, um nur ein paar wenige wichtige Merkmale der Volkskunst zu nennen. Dies ist der Boden, auf dem Volkskunst und so auch die Mundartdichtung gedeiht, und es ist nicht verwunderlich, dass da die weniger wertvollen Pflänzchen sehr viel üppiger ins Kraut schiessen als die wertvollen und am Ende so überhandnehmen, dass nur noch die allerkräftigsten Schosse eine Chance haben, gegen sie aufzukommen. Solche Schosse, die aus dem bodenbedeckenden Gestrüpp der Bedeutungslosigkeit herausragen, gibt es immer wieder (im 19. wie im 20. Jahrhundert), wirkliche Meisterwerke, deren dichterische Substanz das blosse mundartliche Kolorit überstrahlt. Diese qualitätvollen Kunstwerke allein versuchte ich in dieser Anthologie zu versammeln, eine volkskundliche Aufgabe ist damit nicht verbunden.
Neben dieser aus dem Volkstümlichen herausgewachsenen Dichtung entstand etwa in den sechziger Jahren eine ganz andere Art Mundartdichtung, die mit Volkskunst nichts zu tun hat (sie höchstens gelegentlich als Maske benutzt), sondern sich der Mundart als bewusst eingesetztes künstlerisches Ausdrucksmittel bedient, mit Verfremdungseffekten und lautlicher «Exotik» arbeitet. Im übrigen ist die neuere und

neueste Mundartdichtung von (leider wenigen) Einzelpersönlichkeiten sehr
unterschiedlicher Art geprägt, von Tendenzen und Strömungen zu reden wäre
unsinnig.
Ich habe versucht, auch das Gedichtschaffen der Gegenwart mit den Beispielen
vorzustellen, die mir die bedeutendsten zu sein schienen – ich brauche wohl nicht
besonders hervorzuheben, wie sehr ich mir der Subjektivität dieser Auswahl bewusst
bin, die um so mehr ins Gewicht fällt, als der umfangmässige Rahmen dieser
Sammlung recht eng bleiben musste.
Die Gedichte in diesem Band sind nach Autoren geordnet und diese nach ihren
Geburtsjahren. Eine chronologische Ordnung der Gedichte ist ausgeschlossen,
weil wir in den meisten Fällen gar nicht über die entsprechenden Daten verfügen;
sie wäre auch wenig sinnvoll und würde eine Folgerichtigkeit vortäuschen, die nicht
vorhanden ist. Eine thematische Ordnung (Liebesgedichte, Natur, Kindheit und
Jugend usw.), wie sie in vielen Anthologien zur Anwendung kommt, schien mir
ungeeignet, weil sie eine gewisse Tendenz hat, die Gedichte als Gelegenheitsprodukte
erscheinen zu lassen, was ich vermeiden wollte. Jedes Gedicht sollte als eigenständiges
Kunstwerk dastehen.

Die Angaben zu den Wortbedeutungen sind so knapp wie möglich. Ich bin davon
ausgegangen, dass der überwiegende Teil der Leser Schweizer oder sonst mit den
schweizerdeutschen Mundarten (nicht nur der eigenen) einigermassen vertraut sein
würde. Es hätte zu weit geführt, wenn man hätte anfangen müssen, Wörter wie etwa
das berndeutsche «gäng» zu erklären. Auch Wörter, deren Sinn aus dem Kontext
heraus ohne weiteres verständlich werden muss, blieben unerklärt. Für ausgefallene,
ungewöhnliche oder nicht mehr gebräuchliche Ausdrücke hingegen wurde die jeweils
bestmögliche hochdeutsche Entsprechung angegeben, ohne indessen auf den
besonderen Sinn oder die Nuance einzutreten, die ein Wort in einem bestimmten
Zusammenhang annimmt; das hätte zur Interpretation geführt, wozu in dieser
Anthologie kein Raum war.
Und schliesslich noch ein Wort zur Schreibweise. Ein kaum lösbares Problem. Man
kann die Schreibung entweder so stark wie möglich der Phonetik, der tatsächlichen
Aussprache, angleichen (nöije Schpäck), oder man kann sie möglichst leicht lesbar
machen, das heisst, so nah wie möglich an der hochdeutschen Schreibweise belassen
(neue Späck). Beides hat Vor- und Nachteile, und beides ist konsequent gar nicht
durchführbar. Auch die bisherigen Versuche, die Schreibweise zu vereinheitlichen, sind
nicht befriedigend.
Ich bin davon ausgegangen, dass sicher jeder Autor sich zu der ihm adäquaten
Schreibweise durchgerungen hat (manchmal hat er sie auch im Lauf der Zeit oder von
einer Auflage zur andern geändert). Ich hielt es daher für richtig und sinnvoll, mich an
die jeweils letzte vom Autor autorisierte Ausgabe zu halten. Nur in ganz seltenen Fällen
habe ich etwas geändert, nämlich nur da, wo offensichtlich ein Fehler passiert war oder
wo die Originalschreibung zu Unverständlichkeit oder besonders schwerer Lesbarkeit
geführt hätte.

Bern, im September 1983
Der Herausgeber

Inhaltsübersicht

Anmerkungen zu den Autoren, Quellennachweis, Wortbedeutungen
Seitenzahlen in Klammern

JAKOB ALBRECHT
1827–1897

Geboren in Sargans. Satiriker und Mundartdichter des St. Galler Oberlandes. Professor und Redaktor in St. Gallen und Biel.

Ds Wätterlüttä (29)

Nach: Jean Geel, Jakob Albrecht. Buchdruckerei Ragaz, 1927

Wortbedeutungen: Türggä = Mais

ERNST AMACHER
1884–1980

Von Hinwil und Dürnten ZH. Pfarrer u. a. in Zürich-Wollishofen. Mundart des Zürcher Oberlandes.

Ider Stickerei (114)
Winterschtilli (115)
Hülpidölfi ab em Allme und de Kaiser Napolion (116)

Aus: Dihaim im Zürioberland. Buchdruckerei Wetzikon und Rüti, 1965

Wortbedeutungen: Hülpidölfi = Übername aus hülpe (hinken) und Dölfi (Abkürzung für Adolf)

JULIUS AMMANN
1882–1962

Gemeindeschreiber und Taubstummenlehrer in Bettingen bei Basel. Schriftsteller und Mundartdichter. Als Sohn einer Appenzellerin in Trogen aufgewachsen, schrieb er Appenzeller Mundart.

Dr Appezeller Puur (103)
En Abbild vom Lebe (104)
Bordi trääge (105)

Aus: Appezeller Spröch ond Liedli, Gesamtausgabe der Gedichtsammlungen. Mit einer Einführung von Stefan Sonderegger. Schläpfer, Herisau/Trogen, 1976

Wortbedeutungen: erber = ziemlich, ordentlich; Lei = Art

ERNST BALZLI
1902–1959

Geboren in Bolligen BE. Schriftsteller und Redaktor in Bern. Berndeutsch.

Jelängerjelieber (163)

Aus: Jahrringe, Gedicht. Scherz, Bern 1946

Es Bstellts (164)
Der Mähder (165)
Touwätter (166)

Aus: Blick uf d'Wält, Gedicht us Ärnscht Balzlis Schribtisch. Scherz, Bern

Wortbedeutungen: Rauft = Rand, Rinde

WALTER BÄUMLEIN
1890–1978

Geboren in Stuttgart, aufgewachsen in Wädenswil ZH. Sekundarlehrer in Affoltern am Albis. Ab 1930 freier Publizist und Schriftsteller in Uerikon ZH. Zürichdeutsch.

Im Moondschy (127)
Augespraach (128)
Über de Haag (129)

Aus: Am Zürisee, Züritüütschi Gidicht. Huber, Frauenfeld, 1943

BLASIUS
(Felix Burckhardt)
Geboren 1906

Dr. iur., Advokat und Notar in Basel. Baseldeutsch (Stadt).

Suuser und Nuss (168)

Aus: Kleine Stadtmusik. Schwabe, Basel, 1951

Im Kryzgang (169)

Aus: I bin e Beppi. Schwabe, Basel, 1970 (2. Aufl.)

Buebezigli am Morgestraich (171)

Aus: Soll i oder soll i nit. Schwabe, Basel, 1956 (2. Aufl.)

Wortbedeutungen: Junteressli = als Pferdchen mit Rock (Junte) Verkleideter; Waggis = Elsässer (abschätzig)

JONAS BREITENSTEIN
1828–1877

Pfarrer in Binningen BL. Baselbieter Mundart.

Die nächtliche Irrfahrt (31)

Aus: S'Vreneli us der Bluemmatt
Nach: Dichtungen in Basler Mundart, gesammelt von O. Sutermeister. Orell Füssli, Zürich, 1885.

Wortbedeutungen: Charteplass = erweichendes Breipflaster; spööchte = erspähen

FRANZ XAVER BRONNER
1758–1850

Geboren in Bayern, Benediktinermönch. 1785 Flucht in die Schweiz (Zürich). Professor an der Kantonsschule, Kantonsbibliothekar und Staatsarchivar in Aarau. Aargauer Mundart mit Zürcher Einflüssen.

Erinnerung (5)

Nach: O. Sutermeister: Sammlung deutsch-schweizerischer Mundartliteratur – Aus dem Kanton Aargau. Orell Füssli, Zürich, 1882

JAKOB BURCKHARDT
1818–1897

Kulturhistoriker, Professor in Zürich und Basel. Baseldeutsch (Stadt).

Am Wienachtsfraufastemärt (21)
Bi Liecht (23)
Nyt Aiges meh (24)

Aus: E Hämpfeli Lieder. Schweighausersche Verlagsbuchhandlung, Basel, 1853

GERTRUD BURKHALTER
Geboren 1917

In Biel geboren und aufgewachsen. Bibliothekarin in Zürich. Mundart des Berner Seelandes.

S isch is äbe mängs vergroote (178)

Aus: Stygüferli, Gedichte. Vereinigung Oltner Bücherfreunde, Olten, 1943

D Chrinne (179)
Ds Ching (180)

Aus: Heligeland, Gedichte. Volksverlag, Elgg

Wortbedeutungen: Wüppli = Gewebe

ERNST BURREN
Geboren 1944

in Oberdorf SO. Lehrer und Schriftsteller. Lebt in seinem Geburtsort. Solothurner Mundart.

begägnig (215)
nach dr prozässion (216)

Aus: derfür und derwider. Zytglogge, Bern, 1970

nume gäng hü (217)
d wienacht losloh (218)

Aus: um jede priis. Zytglogge, Bern, 1973

gueti prothese (219)

Aus: S chürzere Bei, Gedichte und Geschichten. Zytglogge, Bern, 1977

AUGUST CORRODI
1826–1885

Maler und Dichter, Zeichenlehrer in Winterthur. Letzte Jahre in Zürich. Zürcher Mundart.

Wer böpperlet a der chammer a? (25)
Magst en bitrogne Purst sy (26)
Meiteli ist dur's Bächli ggange (27)
Der Ätti verbüüts (28)

Aus: Lieder von Robert Burns (1759–1796) in das Schweizerdeutsche übertragen von August Corrodi Bleuler-Hausheer, Winterthur 1870.
Die Gedichte in der vorliegenden Sammlung sind der Jubiläumsausgabe, Kommissionsverlag Berichthaus, Zürich, 1971, entnommen.

Originaltexte von Robert Burns

Wer böpperlet a der chammer a?:
Wha is that at my bower door?

Wha is that at my bower door?
O, wha is it but Findlay?
Then gae yere gate, ye'se nae be here!—
Indeed, maun I, quo' Findlay.
What mak ye sae like a thief?
O come and see, quo' Findlay.
Before the morn ye'll work mischief—
Indeed will I, quo' Findlay.

Gif I rise and let you in?—
Let me in, quo' Findlay;
Ye'll keep me waukin wi' your din—
Indeed will I, quo' Findlay.
In my bower if ye should stay?
Let me stay, quo' Findlay;
I fear ye'll bide till break o' day—
Indeed will I, quo' Findlay.

Here this night if ye remain—
I'll remain, quo' Findlay;
I dread ye'll ken the gate again;—
Indeed will I, quo' Findlay.
What may pass within this bower—
Let it pass, quo' Findlay;
Ye maun conceal till your last hour—
Indeed will I, quo' Findlay.

Magst en bitrogne Purst sy:
Deluded Swain, the Pleasure

Deluded swain, the pleasure
The fickle fair can give thee
Is but a fairy treasure—
Thy hopes will soon deceive thee.

The billows on the ocean,
The breezes idly roaming,
The cloud's uncertain motion—
They are but types of woman.

O! art thou not ashamed
To doat upon a feature?
If man thou would'st be named,
Despise the silly creature.

Go, find an honest fellow;
Good claret set before thee:
Hold on till thou art mellow,
And then to bed in glory.

Meiteli ist dur's Bächli ggange:
Coming through the Rye

Coming through the rye, poor body,
Coming through the rye,
She draiglet a' her petticoatie,
Coming through the rye.
Oh Jenny's a' wat, poor body,
Jenny's seldom dry;
She draiglet a' her petticoatie,
Coming through the rye.

Gin a body meet a body—
Coming through the rye,
Gin a body kiss a body—
Need a body cry?

Gin a body meet a body
Coming through the glen,
Gin a body kiss a body
Need the warld ken?
Oh Jenny's a' wat, poor body;
Jenny's seldom dry;
She draiglet a' her petticoatie,
Coming through the rye.

Der Ätti verbüüts:
Her Daddie Forbad

Her daddie forbad, her minnie forbad;
Forbidden she wadna be:
She wadna trow't the browst she brew'd,
Wad taste sae bitterlie.
The lang lad they ca' Jumpin' John
Beguiled the bonnie lassie.

A cow and a cauf, a yowe and a hauf,
And thretty guid shillin's and three;
A vera gude tocher, a cotter-man's dochter,
The lass with the bonnie black e'e.
The lang lad they ca' Jumpin' John
Beguiled the bonnie lassie.

JULIAN DILLIER
Geboren 1922

in Sursee, aufgewachsen in Sarnen. Tätigkeit im Obwaldner Staatsdienst. Ab 1969 bei Radio Basel. Obwaldner Mundart.

Betruf 1976 (201)

Aus: Mändschä sind mängisch wie Gäärtä. J. P. Peter, Rotenburg o. d. Tauber, 1978

Änds Oktober (202)
Nachd im Baanhof (203)

Aus: Gedankä, wo barfuess chemid, Gedichte in Obwaldner Mundart. Nussbaum Verlag, Sarnen, 1973

HEDWIG EGGER-VON MOOS
1880–1965

Geboren und aufgewachsen in Sachseln OW. Lehrerinnenseminar Menzingen. Nach der Heirat Hausfrau in Kerns. Letzte Jahre in Luzern. Obwaldner Mundart.

Der Pestler (96)
Wättertanne (97)

Aus: Es brennt. NZN Buchverlag, Zürich, 1956

ERNST EGGIMANN
Geboren 1936

in Bern. Sekundarlehrer in Langnau im Emmental. Emmentaler Berndeutsch.

Bärner Schriftsteuerverein (211)

Aus: henusode. Arche, Zürich, 1968

modern isch (212)

Aus: heikermänt. Arche, Zürich, 1971

schwär flüge d beii y (213)
langsam rede (214)

Aus: e satz zmitts id wäut. Arche, Zürich, 1981

BARBARA EGLI
Geboren 1918

in Wila/Tösstal, aufgewachsen in Rüti. Lebt in Zürich. Mundart des Zürcher Oberlandes.

En Puuregwerb im Schnee (188)

Aus: Himel und Höll und Hüpfistäi. Gute Schriften, Zürich, 1976

Schnee uf de Tächere (189)
S Truurigsy (190)

Aus: Wildi Chriesi, Lyrik und Prosa in Zürcher Oberländer Mundart. Gute Schriften, Zürich, 1980

Wortbedeutungen: Gjäscht = Trubel, fieberhafte Betriebsamkeit (jaste, jäse = gären)

ERNST ESCHMANN
1886–1953

Lehrer, Redaktor, und Schriftsteller in Zürich. Zürcher Mundart.

Fabrik (120)
Viel tusig Beili flüged (121)

Aus: Der Sunne naa, Neue Gedichte. Orell Füssli, Zürich, 1919

MARTIN ETTER
Geboren 1932

Sekundarlehrer in Bolligen BE. Berndeutsch.

Ds Aagebot (207)

Aus: Aber äbe, Bärndütschi Gedicht. K. J. Wyss Erben, Bern, 1980

ADOLF FREY
1855–1920

Geboren in Aarau. Dr. phil., Literar- und Kunsthistoriker. Kantonsschullehrer in Aarau, dann Professor für deutsche Literatur an der Universität Zürich. Aarauer Mundart.

Der Patriot (48)
Rat (49)
Trost (50)

Aus: Duss und underem Rafe, Füfzg Schwizerliedli. Huber, Frauenfeld, 1921 (3. Aufl.)

Wortbedeutungen: Rafe = Dach, Dachsparren

ALBIN FRINGELI
Geboren 1899

in Laufen BE. Bezirkslehrer und Redaktor in Nunningen SO. Dr. h. c. Mundart des Schwarzbubenlandes SO.

Dr Tringger (161)
Wohar – wohi? (162)

Aus: Am stille Wäg, Nöiji Värse us em Schwarzbuebelang. Schwarzbueb-Verlag Jeger-Moll, Breitenbach

EUGEN GOMRINGER
Geboren 1925

In Bolivien geboren. Schriftsteller und Dichter. Studierte Kunstgeschichte. Begründer und Wortführer der konkreten Poesie. Lebt in Deutschland. Zürcher Mundart.

schwiizer (204)
dörf i (205)
bisch xii (206)

Aus: worte sind schatten – die konstellationen 1951–1968. Rowohlt, Reinbeck bei Hamburg, 1969

RUDOLF HÄGNI
1888–1956

Lehrer und Redaktor in Zürich. Zürcher Mundart.

Schwyzertüütsch (122)
Es Liebesliedli (123)
Wäleschlag (124)
Zaabig (125)
De Peter und d Lise (126)

Aus: Gesammelte Werke; Auswahl aus den Gedichten, besorgt von Esther Hägni. Gut, Stäfa, 1980

PAUL HALLER
1882–1920

Geboren in Rain, Bez. Brugg. Pfarrer in Kirchberg bei Aarau. 1910 Aufgabe des Berufs und Studium der Germanistik und Geschichte. Dr. phil. Lehrer in Schiers und am Lehrerseminar Wettingen. Aargauer Mundart.

Adie Wält (98)
De Nussbaum a dr Schällebrugg (99)
Ich, du, er (101)
Dr alt Fötzel (102)

Aus: Gesammelte Werke (in einem Band). Sauerländer, Aarau, 1956 (3. Aufl. 1980)

SOPHIE HAEMMERLI-MARTI
1868–1942

Von Othmarsingen AG. Lehrerin, Arztfrau in Lenzburg AG.

Eis Johr e Himelsgruess (63)
Im Winter (64)
Sämichlaus (65)
Eusi zwöi Chätzli (66)

Aus Chinderliedli; Gesammelte Werke I. Sauerländer, Aarau, 1950

D Liebi (67)
Chlag (68)
Blüeiet (69)

Aus: Zit und Ebigkeit; Gesammelte Werke II. Sauerländer, Aarau, 1952

ALFRED HUGGENBERGER
1867–1960

Geboren in Bewangen bei Frauenfeld TG. Landwirt und Schriftsteller in Gerlikon TG. Thurgauer Mundart.

Nebedsache (59)
Chilbi (61)

Aus: Hinderem Huus im Gärtli. Sauerländer, Aarau, 1942

BEAT JÄGGI
Geboren 1915

in Fulenbach SO. Werbekaufmann, Journalist und Schriftsteller in Bern. Solothurner/Aargauer Mundart.

Dä Gloube wo blybt (183)
Dys Härz muesch loh rede (184)

Aus: Säg jo zum Läbe, Värse für jede Tag. Habegger, Derendingen-Solothurn, 1977 (2. Aufl.)

ERNST KAPPELER
Geboren 1911

Sekundarlehrer in Andelfingen, Winterthur und Zürich. Freier Schriftsteller in Uitikon ZH. Zürichdeutsch.

Lied (181)
Im Tunkle (182)

Aus: Wäägluegere. Werner Classen, Zürich, 1957

ROBERT KARCH
Geboren 1949

Schriftsetzer in Basel. Baseldeutsch.

Novämbernacht (220)
Es blieht öppis (221)
Nach Auschwitz (222)

Aus: Angst, Schmärz und Wuet. Autorenverlag «Der Stocherkahn», Herrenberg BRD, 1981

JAKOB KÄSER
1884–1969

Huf- und Wagenschmied in Madiswil BE, Mundartschriftsteller. Oberaargauer Mundart.

D'Dorflinge (119)

Aus: D'Dorflinge. Sauerländer, Aarau, 1935

WALTER KÄSLIN
Geboren 1919

in Beckenried NW. Lehrer und Schriftsteller. Nidwaldner Mundart.

Eyseren äine (191)
Schaad um dä Maa (192)

Aus: Chäslichruid. Beckenried (ohne Jahreszahl).

Wortbedeutungen: nuefer = flott, keck

GOTTLIEB JAKOB KUHN
1775–1849

Vikar und Pfarrer in Sigriswil, Rüderswil und Burgdorf. Lehrer in Bern. Berndeutsch.

Abendlied (7)
Das Emmenthal (8)
Kühreihen zum Aufzug auf die Alp im Frühling (10)

Nach: Sammlung deutschschweizerischer Mundartliteratur – Aus dem Kanton Bern, 1. Heft. Gesammelt und herausgegeben von O. Sutermeister. Orell Füssli, Zürich, 1885

Wortbedeutungen: Ustig = Frühling; lube = lieb; fry = wohl, recht; Gälle = laute Stimme; beite = warten

SAMUEL LANDOLT
1803–1880

Buchdrucker, Herausgeber und Redaktor in Aarau. Aarauer Mundart.

I kennen es Chöpfli (16)

Nach: O. Sutermeister, Sammlung deutschschweizerischer Mundartliteratur – Aus dem Kanton Aargau, 1. Orell Füssli, 1882

MARIA LAUBER
1891–1973

Lehrerin in Kien bei Frutigen (Berner Oberland). Frutigtaler Mundart.

Nug es Mal (130)
Flügt es Finki (131)
Parad (132)

Aus: Maria Lauber, Gesammelte Werke I, Gedichte. Francke, Bern, 1965

Wortbedeutungen: nug = noch; Plächchi = Scheibchen; Triib = Spur; Fugsli = Füchslein (Schmetterlingsart); ganggle = spielen, sich necken; ot = über; Rii = Rain; schüchter = sehr

FRITZ LIEBRICH
1879–1936

Lehrer und Schriftsteller in Basel. Baseldeutsch (Stadt).

Schlooff, Kindli, schlooff! (92)
Der Faun (93)
Der Fischmärtbrunne (94)
Gratuliere will i (95)

Aus: Fritz Liebrich, Die baseldeutschen Gedichte. Christoph Merian Verlag, Basel, 1979

MEINRAD LIENERT
1865–1933

Notar und Redaktor in Einsiedeln, dann in Zürich. Ab 1920 freier Schriftsteller. Dr. phil. h. c. Schwyzer Mundart.

s'Rössli (51)
Vor em Usflüge (52)
Gib ab! (53)
Dr Chorber (54)
D'Spärbel und d'Nachtbuebe (55)
Die schwarze Schöifli (56)
Vom Tanz hei (57)

Aus: Dur d'Stude us (Bd. 1) und Wänn's dimmered (Bd. 2) des Schwäbelpfyffli, 2., sehr vermehrte Auflage. Sauerländer, Aarau, 1909

Wortbedeutungen: Bränzblöistli = Schnapsregen; alte Hach = alter Kracher

OTTO HELLMUT LIENERT
1897–1965

Neffe von Meinrad Lienert. Redaktor in Zürich, dann freier Schriftsteller in Sursee. Schwyzer Mundart.

Es isch mer glych (151)
S'Schmittefüür (152)

Aus: Dusse und Dinne, eine Auswahl Verse. Sauerländer, Aarau, 1958

CARL ALBERT LOOSLI
1877–1959

Geboren in Schüpfen BE. Jugend in Waisenhäusern und Erziehungsanstalten. Dann Arbeit als Leinenweber, Landarbeiter, Eisenhändler. Schliesslich Journalist und freier Schriftsteller in Bümpliz bei Bern. Emmentaler Mundart.

E Brunscht (87)
Purebuebe (89)
Brächete (90)
Rägewätter (91)

Aus: Mys Ämmital. Huber, Frauenfeld, 1979

Wortbedeutungen: Brächete = Brechen des Flachses; gschläsmet = halbgedörrt; erlächne = austrocknen; bäje = rösten

GOTTLIEB WALTER LÜTHY
1891–1964

Geboren in Maispracht BL. Ab 1904 in Attelwil im aargauischen Suhrental. Lehrer der Gesamtschule in Attelwil, daneben Organist. Mundart des Suhrentals.

Bureläbe im Suhretal (133)

Aus: Näbenusse, Mundartvärs vom G. Walter Lüthy. Sauerländer, Aarau, 1946

Augschtefyr (135)
S letscht Fueder (136)

Aus: D'Brunnstube, Värs vom Gottlieb Walter Lüthy. Sauerländer, Aarau, 1959

KURT MARTI
Geboren 1921

in Bern. Pfarrer an der Nydeggkirche in Bern bis Frühjahr 1983, Schriftsteller und Dichter. Berndeutsch.

ämmetal (193)
z. b. 25.11.72 (194)
z. b. 1.1.73 (195)
liebesgedicht (196)
legände (197)

Aus: undereinisch, gedicht ir bärner umgangssprach. Luchterhand, Darmstadt und Neuwied, 1973

rosa loui (198)
früelig (199)
löcherbecki (200)

Aus: rosa loui, republikanische Gedichte. Tschudy, St. Gallen, 1959. Luchterhand, Darmstadt und Neuwied, 1967

MANI (Hans Peter) MATTER
1936–1972

Geboren in Herzogenbuchsee BE. Jurist und Liedermacher in Bern. Begründer und führender Vertreter der sogenannten Berner Troubadours. Früher Tod durch Verkehrsunfall. Berndeutsch.

Us emne lääre Gygechaschte (208)
Ds Lied vo de Bahnhöf (209)

Aus: Us emne lääre Gygechaschte – Berndeutsche Chansons. Benziger, 5. Aufl., Zürich, 1972

ALBERT MEYER
1893–1962

Geboren und aufgewachsen in Langnau BE. Lehrer und Schriftsteller in Buttenried bei Mühleberg BE. Berndeutsch, mit eigenen Wortschöpfungen angereichert.

Auszug aus dem 7. Gesang der Odyssee:

Odysseus geit zur Chünigin Arete (137)

Aus: Homer bärndütsch, Odyssee. Francke, Bern, 1960

Wortbedeutungen: ztromsig = verkehrt, quer, schief; luusse = lauern, aufpassen; Wubb = Gewebe, Tuch; gwirbig = fleissig; verschmeiet = verdattert

JAKOB REINHARD MEYER
1883–1966

Geboren in Reitnau AG, aufgewachsen in Schlossrued AG. Altphilologe und Historiker. Sekundarlehrer in Langenthal BE. Die frühen Gedichte (alle vor 1910 entstanden) im Ruedertaler Dialekt, einer besonderen Ausprägung der Mundart des Aargauer Suhrentales.

D Schuewreis (106)
Nachtbuebe (107)
D Frou Viziamme wott z Chiwe goh (109)
Nachtwach (110)
De Wärber (111)
Der usdient Taglöhner (113)

Aus: J. R. Meyer, Gedenkschrift für den Langenthaler Lehrer, den Forscher und Dichter. Merkur AG, Langenthal, 1968. Forschungsstiftung Langenthal (Hrsg.)

TRAUGOTT MEYER
1895–1960

Geboren in Wenslingen BL. Lehrer und Schriftsteller in Basel. Baselbieter Mundart.

Uf Nacht und Weh (146)
Allerseele (147)
Schlittle (148)

Aus: Im Läbe-n inn, Gedichte in Baselbieter Mundart. Sauerländer, Aarau, 1935

Gfunde (149)

Aus: Mueterguet, Gedichte in Baselbieter Mundart. Sauerländer, Aarau, 1929

Yneszue (150)

Nach: Schwyzerlüt, Im Baselbiet. Fryburg, 1956 (18. Jg., Nr. 4)

Wortbedeutungen: flummere = flimmern; glaschte = glänzen, gleissen; Rüngli = ein Weilchen, ein Mal; wähli Blueme = welke Blumen

THEODOR MEYER-MERIAN
1818–1867

Dr. med., Divisionsarzt und Direktor des Bürgerspitals Basel. Baseldeutsch (Stadt).

Katz und Muus (18)
Kurz und gut (19)
S regelet (20)

Nach: Dichtungen in Basler Mundart, gesammelt von O. Sutermeister. Orell Füssli, Zürich, 1885

DOMINIK MÜLLER
(Paul Schmitz)
1871–1953

Dr. phil. Journalist, Redaktor und Schriftsteller in Basel. Baseldeutsch (Stadt).

Dr alt Fasnächtler (73)
En Iberraschig (75)
Dr Me (76)

Aus: Mein Basel, Alte und neue Verse. Schwabe, 2., verb. Aufl., Basel, 1922

D'Basler Heldezyt (77)

Aus: Vor Torschluss, Allerhand neue Verse. Samstag Verlag, Basel, 1935

Wortbedeutungen: Räbbliräge = Konfettiregen; Prätschere, Grär = Lärminstrumente; Barebly = Regenschirm (von franz. parapluie); Dalbemer = Aus der St. Alban-Vorstadt, einst besonders «feines» Basler Quartier; medisiere, ehrabschnyde, intrigiere = gegenseitiges Herausfordern durch spitze, witzig-unverschämte Bemerkungen, eine zur Basler Fasnacht gehörende Tradition

ADY (Adelrych) REGLI
1903–1981

Jugendjahre in Andermatt. Ausbildung zum Chemiker und anschliessend Berufstätigkeit für eine Reihe von Unternehmen im In- und Ausland. Urner Mundart.

Sännächilbi (167)

Nach: Innerschweizer Schriftsteller, Texte und Lexikon im Auftrag des Innerschweizer Schriftstellervereins, herausgegeben von Bruno Stephan Scherer. Räber, Luzern, 1977

Wortbedeutungen: Pranz = Gebranntes (Schnaps); hinäd = heut nacht

JOSEF REINHART
1875–1957

Geboren in Rüttenen SO. Dr. phil. h. c., Professor an der Kantonsschule und Schriftsteller in Solothurn. Solothurner Mundart.

Tanzliedli (78)
D'Liebi (79)
S'Fabrigglermeitli (80)
Fabrigglermaa (81)
Trotzliedli (82)
E Rosestruuch (83)
Mähderlied (84)
D'Stärne schyne (85)
S'Läbe (86)

Aus: Gesammelte Werke, Band 6, Im Grüene Chlee, alti und neui Liedli ab em Land. Sauerländer, Aarau. (5., vermehrte Auflage der bei Francke in Bern erschienenen Ausgabe von 1913)

Wortbedeutungen: Fäcke = Flügel; leue = ruhen

JOHANN JAKOB ROMANG
1831–1884

Geboren in Gsteig BE. Fürsprecher und Obergerichtsschreiber in Bern, daneben Journalist und Feuilletonist. Mundart des Saanenlandes.

Dr Friesenwäg (35)

Nach: Albert Fischli (Hrsg.), Schweizer Balladen. Huber, Frauenfeld und Leipzig, 1924

Wortbedeutungen: embry = hinab; z'Hand = sogleich; wagen = sperrangelweit; Blug = Bluff, Spass, Täuschung; üns Stiefeli = unsere kleine Hütte, Stall; etwärist = quer; buwes = gebaut; ol = oder; schüfter = schauderhaft; Triftig = Rast; glychanhi = gleich nachher; schnärze = höhnen; runen = flüstern; Nössren = Dummköpfe; zunen = anschlagen; Chlupf = Schreck; Gastren = Schlafstätte; glähig = schnell; lüwen = ruhen; schwyne = abnehmen, weniger werden; Ustag = Frühling; Chrach = Spalt, enger Graben; bülligen = poltern; Statterbueb = Kuhtreiber, Hirtenbub

SENTA SIMON-MATHYS
Geboren 1915

Hausfrau und Schriftstellerin in Lotzwil bei Langenthal, heute in Herzogenbuchsee. Berndeutsch.

Der Tod (185)

Aus: Bärndütschi Sonett. Schwyzerlüt, Fryburg, 1957

Deheim (186)
Blüeteblettli (187)

Aus: Glück u Läbe – Bärndütschi Sprüch u Värs. Schwyzerlüt, Fryburg, 1951

EDUARD SCHÖNENBERGER
1843–1898

Geboren in Wetzwil bei Herrliberg ZH. Lehrer und Journalist in Horgen und Zürich. Kantonsrat. Zürichdeutsch.

Bergheuet (38)

Nach: Werktag und Feierstunden bei Eduard Schönenberger. Druckerei Stäfa und Küsnacht, 1968

Wortbedeutungen: zöhmeli = allmählich, langsam; s'Baneter = Barometer; höh = bös; travalie = arbeiten; Pfemet = Portion, Anteil; Tagneuer = Taglöhner; kalazze = essen, Mahlzeit halten (von ital. colazione, Mahlzeit); Ströffeli = Heuschrecken; Schwöbli = kleine Bremsen; brittle = stapeln, beigen; Schaubguttere = mit Stroh umhüllte Flasche

GOTTFRIED STRASSER
1854–1912

Pfarrer und Volksdichter in Grindelwald BE. Mundart von Grindelwald, Berner Oberland.

Grindelwaldner Lied (46)
Dr Trueberbueb (47)

Aus: In Grindelwald den Gletschren by. Otto Schlaefli, Interlaken, 1943

ALBERT STREICH
1897–1960

Geboren und aufgewachsen in Brienz. Nach der Schule wie sein Vater Wald- und Wasserverbauungsarbeiter, dann Schriftsetzer, Schnitzer und schliesslich Gemeindeangestellter in Brienz. Brienzer Mundart.

Friei im Frielig (153)
Sunnen im Merzen (154)
Wen eis ... (155)
Chaalta Wind (156)
Wehtiends (157)
Induuchlen (158)
Eugewwasser (160)

Aus: Briensertiitsch Väärsa. Band 1 der Gesammelten Werke. Francke, Bern, 1970

Misstriww im Sinn (159)

Aus dem Nachlass

Wortbedeutungen: Glunti = Pfützen; embrin = herab

JAKOB STUTZ
1801–1877

Geboren in Isikon bei Hittnau ZH. Knecht, Weber, Lehrer und Volksdichter. Während 15 Jahren, von 1842–1857, als Einsiedler in der «Jakobszelle» bei Sternenberg ZH. Mundart des Zürcher Oberlandes.

Blueme-n-us der Heimet (etwas gekürzt) (14)

Aus: Blueme vo Heime, Lieder und Vers us em Zürioberland vom Jakob Stutz und sine Fründe. Walter Kunz, Pfäffikon-Zürich (ohne Jahrzahl, Vorwort datiert von 1938)

HANNES TAUGWALDER
Geboren 1910

in Zermatt. Fabrikant und Schriftsteller in Aarau. Walliser Mundart.

Jütz imal (176)
Wer geit nus ga sägu? (177)

Aus: Verimbrüf und imbri, Gedichte in Walliser Mundart. Glendyn Verlag, Aarau, 3. Aufl., 1982

Wortbedeutungen: verimbrüf = bergauf, aufwärts; imbri = bergab, hinab; lotzu = schauen; Trächa = Feuerstelle; Port = Türe; unartu = unartig sein, trotzen

GEORG THÜRER
Geboren 1908

Dr. phil., Hochschulprofessor in St. Gallen. Schriftsteller, lebt in Teufen AR. Glarner Mundart.

Septämber-Wääg (172)
Maieros (173)
Dsunderobsi (174)

Aus: Gloggestube. Schwyzertüütschi Värs, Glarner Mundart. Tschudi, Glarus, 1960

Erträge (175)

Aus: Vrinelisgärtli. Schwyzertüütschi Värs, Glarner Mundart. Tschudi, Glarus, 1946

CHRISTIAN WIEDMER
1808–1857

Schlosser und Volksdichter in Signau BE. Emmentaler Mundart.

Kommode Vorsicht (17)

Aus: G. Berger/A. Bitter: Christian Wiedmer von Signau, Schlosser und Volksdichter. Buchdruckerei des Emmenthaler Blattes, Langnau, 1909

JOHANN RUDOLF WYSS
(der Jüngere)
1781–1830

Theologe und Professor der Philosophie an der damaligen Akademie in Bern. Schriftsteller und Dichter. Berndeutsch.

Schwizer-Heiweh (12)

Nach: O. Sutermeister: Sammlung deutsch-schweizerischer Mundartliteratur – Aus dem Kanton Bern, 3. Heft. Orell Füssli, Zürich, 1885

HANS ZULLIGER
1893–1965

Geboren in Biel. Dr. h. c., Lehrer, Psychologe und Schriftsteller, lebte in Ittigen bei Bern. Berndeutsch (Land).

Bim Erwache (140)
Herbscht (141)
Uf em Todbett (142)
Meje-Räge (143)
Winter-Freude (144)
Der Gwungerig (145)

Aus: Ärn, Värse vom Hans Zulliger. Aare Verlag, Bern, 1943

ZYBÖRI (Theodor Bucher)
1868–1935

Weinhändler und volkstümlicher Dichter, Luzern. Luzerner Mundart.

Heuet im Älpli (70)

Aus: Deheime. Räber, Luzern, 1928

Wortbedeutungen: kalaze = essen, Mahlzeit halten

Register
Nach Gedichttiteln

Abendlied *(Gottlieb Jakob Kuhn)* 7
Adie Wält *(Paul Haller)* 98
Allerseele *(Traugott Meyer)* 147
ämmetal *(Kurt Marti)* 193
Am Wienachtsfraufastemärt
  (Jakob Burckhardt) 21
Änds Oktober *(Julian Dillier)* 202
Augespraach *(Walter Bäumlein)* 128
Augschtefyr *(Gottlieb Walter Lüthy)* 135

Bärner Schriftsteuerverein
  (Ernst Eggimann) 211
begägnig *(Ernst Burren)* 215
Bergheuet *(Eduard Schönenberger)* 38
Betruf *(Julian Dillier)* 201
Bi Liecht *(Jakob Burckhardt)* 23
Bim Erwache *(Hans Zulliger)* 140
bisch xii *(Eugen Gomringer)* 206
Blüeiet *(Sophie Hämmerli-Marti)* 69
Blueme-n-us der Heimet
  (Jakob Stutz) 14
Blüeteblettli *(Senta Simon-Mathys)* 187
Bordi trääge *(Julius Ammann)* 105
Brächete *(Carl Albert Loosli)* 90
Buebezigli am Morgestraich
  (Blasius) 171
Bureläbe im Suhretal
  (Gottlieb Walter Lüthy) 133

Chaalta Wind *(Albert Streich)* 156
Chilbi *(Alfred Huggenberger)* 61
Chlag *(Sophie Hämmerli-Marti)* 68

Dä Gloube wo blybt *(Beat Jäggi)* 183
Das Emmenthal *(Gottlieb Jakob Kuhn)* 8
D'Basler Heldezyt *(Dominik Müller)* 77
D Chrinne *(Gertrud Burkhalter)* 179
D'Dorflinge *(Jakob Käser)* 119
Deheim *(Senta Simon-Mathys)* 186

De Nussbaum a dr Schällebrugg
  (Paul Haller) 99
De Peter und d Lise *(Rudolf Hägni)* 126
Der Ätti verbüüts *(August Corrodi)* 28
Der Faun *(Fritz Liebrich)* 93
Der Fischmärtbrunne *(Fritz Liebrich)* 94
Der Gwungerig *(Hans Zulliger)* 145
Der Mähder *(Ernst Balzli)* 165
Der Patriot *(Adolf Frey)* 48
Der Pestler *(Hedwig Egger-von Moos)* 96
Der Tod *(Senta Simon-Mathys)* 185
Der usdient Taglöhner
  (Jakob Reinhard Meyer) 113
De Wärber *(Jakob Reinhard Meyer)* 111
D Frou Viziamme wott z Chiwe goh
  (Jakob Reinhard Meyer) 109
Die nächtliche Irrfahrt
  (Jonas Breitenstein) 31
Die schwarze Schöifli
  (Meinrad Lienert) 56
D Liebi *(Sophie Hämmerli-Marti)* 67
D'Liebi *(Josef Reinhart)* 79
dörf i *(Eugen Gomringer)* 205
Dr alt Fasnächtler *(Dominik Müller)* 73
Dr alt Fötzel *(Paul Haller)* 102
Dr Appezeller Puur
  (Julius Ammann) 103
Dr Chorber *(Meinrad Lienert)* 54
Dr Friesenwäg
  (Johann Jakob Romang) 35
Dr Me *(Dominik Müller)* 76
Dr Tringger *(Albin Fringeli)* 161
Dr Trueberbueb *(Gottfried Strasser)* 47
Ds Aagebot *(Martin Etter)* 207
Ds Ching *(Gertrud Burkhalter)* 180
D Schuewreis
  (Jakob Reinhard Meyer) 106
Ds Lied vo de Bahnhöf
  (Mani Matter) 209
D' Spärbel und d'Nachtbuebe
  (Meinrad Lienert) 55
D'Stärne schyne *(Josef Reinhart)* 85

Dsunderobsi *(Georg Thürer)* 174
Ds Wätterlüttä *(Jakob Albrecht)* 29
d wienacht losloh *(Ernst Burren)* 218
Dys Härz muesch loh rede
   (Beat Jäggi) 184

E Brunscht *(Carl Albert Loosli)* 87
Eis Johr e Himelsgruess
   (Sophie Hämmerli-Marti) 63
En Abbild vom Lebe
   (Julius Ammann) 104
En Iberraschig *(Dominik Müller)* 75
En Puuregwerb im Schnee
   (Barbara Egli) 188
Erinnerung *(Franz Xaver Bronner)* 5
E Rosestruuch *(Josef Reinhart)* 83
Erträge *(Georg Thürer)* 175
Es blieht öppis *(Robert Karch)* 221
Es Bstellts *(Ernst Balzli)* 164
Es isch mer glych
   (Otto Hellmut Lienert) 151
Es Liebesliedli *(Rudolf Hägni)* 123
Eugewwasser *(Albert Streich)* 160
Eusi zwöi Chätzli
   (Sophie Hämmerli-Marti) 66
Eyseren äine *(Walter Käslin)* 191

Fabrigglermaa *(Josef Reinhart)* 81
Fabrigglermeitli (s') *(Josef Reinhart)* 80
Fabrik *(Ernst Eschmann)* 120
Flügt es Finki *(Maria Lauber)* 131
Friei im Frielig *(Albert Streich)* 153
früelig *(Kurt Marti)* 199

Gfunde *(Traugott Meyer)* 149
Gib ab! *(Meinrad Lienert)* 53
Gratuliere will i *(Fritz Liebrich)* 95
Grindelwaldner Lied
   (Gottfried Strasser) 46
gueti prothese *(Ernst Burren)* 219

Herbscht *(Hans Zulliger)* 141
Heuet im Älpli *(Zyböri)* 70
Homer bärndütsch *(Albert Meyer)* 137
Hülpidölfi ab em Allme und de Kaiser
   Napolion *(Ernst Amacher)* 116

Ich, du, er *(Paul Haller)* 101
Ider Stickerei *(Ernst Amacher)* 114
Im Kryzgang *(Blasius)* 169
Im Moondschy *(Walter Bäumlein)* 127
Induuchlen *(Albert Streich)* 158
I kennen es Chöpfli *(Samuel Landolt)* 16
Im Tunkle *(Ernst Kappeler)* 182
Im Winter *(Sophie Hämmerli-Marti)* 64

Jelängerjelieber *(Ernst Balzli)* 163
Jütz imal *(Hannes Taugwalder)* 176

Katz und Muus
   (Theodor Meyer-Merian) 18
Kommode Vorsicht
   (Christian Wiedmer) 17
Kühreihen zum Aufzug auf die Alp im
   Frühling *(Gottlieb Jakob Kuhn)* 10
Kurz und gut *(Theodor Meyer-Merian)* 19

langsam rede *(Ernst Eggimann)* 214
legände *(Kurt Marti)* 197
liebesgedicht *(Kurt Marti)* 196
Lied *(Ernst Kappeler)* 181
löcherbecki *(Kurt Marti)* 200

Magst en bitrogne Purst sy
   (August Corrodi) 26
Mähderlied *(Josef Reinhart)* 84
Maieros *(Georg Thürer)* 173
Meiteli ist dur's Bächli ggange
   (August Corrodi) 27
Meje-Räge *(Hans Zulliger)* 143
Misstriww im Sinn *(Albert Streich)* 159
modern isch *(Ernst Eggimann)* 212

Nach Auschwitz *(Robert Karch)* 222
Nachd im Baanhof *(Julian Dillier)* 203
nach dr prozässion *(Ernst Burren)* 216
Nachtbuebe *(Jakob Reinhard Meyer)* 107
Nachtwach *(Jakob Reinhard Meyer)* 110
Nebedsache *(Alfred Huggenberger)* 59
Novämbernacht *(Robert Karch)* 220
Nug es Mal *(Maria Lauber)* 130
nume gäng hü *(Ernst Burren)* 217
Nyt Aiges meh *(Jakob Burckhardt)* 24

Odysseus geit zur Chünigin Arete
   (Albert Meyer) 137

Parad *(Maria Lauber)* 132
Purebuebe *(Carl Albert Loosli)* 89

Rägewätter *(Carl Albert Loosli)* 91
Rat *(Adolf Frey)* 49
rosa loui *(Kurt Marti)* 198

Sämichlaus *(Sophie Hämmerli-Marti)* 65
Sännächilbi *(Ady Regli)* 167
Septämber-Wääg *(Georg Thürer)* 172
S' Fabrigglermeitli *(Josef Reinhart)* 80
S isch is äbe mängs vergroote
   (Gertrud Burkhalter) 178
S'Läbe *(Josef Reinhart)* 86
S letscht Fueder
   (Gottlieb Walter Lüthy) 136
S regelet *(Theodor Meyer-Merian)* 20
S'Rössli *(Meinrad Lienert)* 51
S'Schmittefüür
   (Otto Hellmut Lienert) 152
S Truurigsy *(Barbara Egli)* 190
Sunnen im Merzen *(Albert Streich)* 154
Suuser und Nuss *(Blasius)* 168
Schaad um dä Maa *(Walter Käslin)* 192
Schlittle *(Traugott Meyer)* 148
Schlooff, Kindli, schlooff!
   (Fritz Liebrich) 92
Schnee uf de Tächere *(Barbara Egli)* 189
schwär flüge d beii y
   (Ernst Eggimann) 213

schwiizer *(Eugen Gomringer)* 204
Schwizer-Heiweh
   (Johann Rudolf Wyss d.J.) 12
Schwyzertüütsch *(Rudolf Hägni)* 122

Tanzliedli *(Josef Reinhart)* 78
Touwätter *(Ernst Balzli)* 166
Trost *(Adolf Frey)* 50
Trotzliedli *(Josef Reinhart)* 82

Über de Haag *(Walter Bäumlein)* 129
Uf em Todbett *(Hans Zulliger)* 142
Uf Nacht und Weh *(Traugott Meyer)* 146
Usemne lääre Gygechaschte
   (Mani Matter) 208

Viel tusig Beili flüged
   (Ernst Eschmann) 121
Vom Tanz hei *(Meinrad Lienert)* 57
Vor em Usflüge *(Meinrad Lienert)* 52

Wäleschlag *(Rudolf Hägni)* 124
Wättertanne
   (Hedwig Egger-von Moos) 97
Wehtiends *(Albert Streich)* 157
Wen eis ... *(Albert Streich)* 155
Wer böpperlet a der chammer a?
   (August Corrodi) 25
Wer geit nus ga sägu?
   (Hannes Taugwalder) 177
Winter-Freude *(Hans Zulliger)* 144
Winterschtilli *(Ernst Amacher)* 115
Wohar – wohi? *(Albin Fringeli)* 162

Yneszue *(Traugott Meyer)* 150

Zaabig *(Rudolf Hägni)* 125
z. b. 25.11.72 *(Kurt Marti)* 194
z. b. 1.1.73 *(Kurt Marti)* 195